Staat und Politik

Arnd Uhle

Staat und Politik

Der Wandel des Parteiensystems
als Herausforderung für das Recht
der politischen Parteien

*Schönburger Gespräche
zu Recht und Staat*

Mohr Siebeck

Arnd Uhle, geboren 1971; 1999 Promotion; 2003 Habilitation; Inhaber des Lehrstuhls für Öffentliches Recht, insbesondere für Staatsrecht, Allgemeine Staatslehre und Verfassungstheorie an der Universität Leipzig; Richter des Verfassungsgerichtshofes des Freistaates Sachsen.

ISBN 978-3-16-164094-0 / eISBN 978-3-16-164095-7
DOI 10.1628/978-3-16-164095-7

Die Deutsche Nationalbibliothek verzeichnet diese Publikation in der Deutschen Nationalbibliographie; detaillierte bibliographische Daten sind im Internet über *http://dnb.dnb.de* abrufbar.

© 2024 Mohr Siebeck Tübingen. www.mohrsiebeck.com

Das Werk einschließlich aller seiner Teile ist urheberrechtlich geschützt. Jede Verwertung außerhalb der engen Grenzen des Urheberrechtsgesetzes ist ohne Zustimmung des Verlags unzulässig und strafbar. Das gilt insbesondere für die Verbreitung, Vervielfältigung, Übersetzung und die Einspeicherung und Verarbeitung in elektronischen Systemen.

Printed in Germany.

Vorwort

Die vorliegende Abhandlung stellt die erweiterte Fassung eines Vortrags dar, den ich am 25. April 2024 auf der Schönburg gehalten habe. Das Manuskript befindet sich auf dem Stand vom 15. Juni 2024. Das am 30. Juli 2024 ergangene Urteil des Bundesverfassungsgerichts zur Wahlrechtsreform von 2023 (Az. 2 BvF 1/23 u. a.) wurde noch berücksichtigt.

Für die Unterstützung bei der Abfassung danke ich meiner wissenschaftlichen Mitarbeiterin, Frau *Felicitas Sophia Beck*, für die Literaturbeschaffung den studentischen Hilfskräften meines Lehrstuhls, namentlich Frau *Henriette Reinsch* und Frau *Eva Marquering*.

Leipzig, im Juli 2024 *Arnd Uhle*

Inhaltsverzeichnis

Vorwort V

A. Einführung 1

B. Der Wandel des Parteiensystems 5
  I. Periodisierung der Entwicklung des deutschen
     Parteiensystems 5
  II. Die Veränderungen der Gegenwart – Merkmale
     einer neuen Entwicklungsphase 7
    1. Intensivierung des Bedeutungsverlustes der
       traditionellen Volksparteien 7
    2. Zunehmende Pluralisierung und
       Diversifizierung der deutschen
       Parteienlandschaft 9
    3. Wachsende Polarisierung des deutschen
       Parteiensystems 11
    4. Zwischenergebnis 13

**C. Der Wandel des Parteiensystems und
seine Bedeutung für Begriff, Funktion,
verfassungsrechtliche Stellung und gesetzliche
Regulierung der politischen Parteien** 15
  I. Der Wandel des Parteiensystems und der
     Parteibegriff 15
    1. Die Unabhängigkeit des Parteibegriffs von
       der Bandbreite politikwissenschaftlich
       unterscheidbarer Parteitypen 16

Inhaltsverzeichnis

    2. Exemplarische Aktualisierungen des Parteibegriffs 18

II. Der Wandel des Parteiensystems und die Mitwirkung der politischen Parteien an der Willensbildung in Volk und Staat 24

    1. Erkennbare Schwächen in der den Parteien übertragenen Synchronisation von Volks- und Staatswillensbildung 25

    2. Weitgehendes Fehlen sonstiger Instrumente zur Synchronisation von Volks- und Staatswillensbildung de constitutione lata 28

    3. Verbesserung der Synchronisation von Volks- und Staatswillensbildung durch Instrumente direkter Demokratie de constitutione ferenda? .. 29

III. Der Wandel des Parteiensystems und die verfassungsrechtlich gewährleistete Freiheit politischer Parteien............................ 33

    1. Neue Aktualität der Gründungs- und Betätigungsfreiheit politischer Parteien 34

    2. Der Bedeutungszuwachs der 5 %-Klausel als Folge der Diversifizierung des Parteienwesens .. 35

    3. Grundsätzliche verfassungsrechtliche Rechtfertigung der 5 %-Klausel auch unter den Bedingungen der Gegenwart 36

    4. Reduktion des auf der 5 %-Klausel lastenden rechtspolitischen Rechtfertigungsdrucks de lege ferenda – Zur Einführung einer Nebenstimme 38

IV. Der Wandel des Parteiensystems und die verfassungsrechtlich gewährleistete (Chancen-)Gleichheit politischer Parteien 39

    1. Aktualisierung des Rechts auf Chancengleichheit durch ein pluralisiertes, diversifiziertes und polarisiertes Parteiensystem 40

2. Exkurs: Der Grundsatz der Gleichbehandlung
der Fraktionen und seine bundesverfassungsgerichtliche Durchsetzbarkeit 42
V. Der Wandel des Parteiensystems und die
staatliche Parteienfinanzierung 47
1. Anfragen an die staatliche Parteienfinanzierung 47
2. Der Ausschluss von der staatlichen
Parteienfinanzierung gem. Art. 21 Abs. 3 GG ... 52
VI. Exkurs: Der Wandel des Parteiensystems und
seine Auswirkungen auf das Recht parteinaher
Stiftungen 55
1. Aktualisierung des Gesetzesvorbehalts und
des Rechts auf Chancengleichheit durch ein
pluralisiertes, diversifiziertes und polarisiertes
System parteinaher Stiftungen 56
2. Der Ausschluss verfassungsfeindlicher
parteinaher Stiftungen von der staatlichen
Stiftungsfinanzierung 58
VII. Der Wandel des Parteiensystems und die
Beobachtung politischer Parteien durch den
Verfassungsschutz 63
1. Phasen der Beobachtung: Vorfeldphase,
Prüfphase, Verdachtsphase, Gewissheitsphase .. 64
2. Insbesondere: Die öffentliche Bekanntmachung
der Beobachtung politischer Parteien durch
den Verfassungsschutz 68
VIII. Der Wandel des Parteiensystems und das
Instrument des Parteiverbots 70
1. Das Instrument des Parteiverbots
nach der NPD-Entscheidung des
Bundesverfassungsgerichts 71
2. Das Verhältnis von Parteiverbot i. S. d. Art. 21
Abs. 2 GG und Finanzierungsausschluss i. S. d.
Art. 21 Abs. 3 GG 72

3. Exkurs: Das Verbot von Jugendorganisationen
politischer Parteien 73

D. Schlussbemerkungen 78

Anmerkungen 79

Stichwortverzeichnis 139

A. Einführung

„Die moderne Demokratie beruht [...] auf den politischen Parteien".[1] Diese Einsicht von *Hans Kelsen* macht sich das Grundgesetz zu eigen wie keine deutsche Verfassung zuvor. Denn es entscheidet sich nicht nur für die demokratische Staatsform, die es in Art. 20 Abs. 2 GG so konsequent repräsentativ ausgestaltet, dass die staatliche Herrschaftsausübung unter seiner Geltung geradezu als „Auftragsangelegenheit des Volkes" erscheint.[2] Vielmehr trifft es mit der Konstitutionalisierung der politischen Parteien zugleich auch eine bedeutsame Vorkehrung gegen die spezifische Herausforderung eines solchen, dezidiert repräsentativen Systems, die in der Verselbständigung der staatlichen Organe von ihrem Auftraggeber, dem Volk, besteht.[3] Hierzu trägt es den Parteien gem. Art. 21 Abs. 1 Satz 1 GG die Mitwirkung an der politischen Willensbildung auf.[4]

Der damit in den Blick tretende Begriff der politischen Willensbildung ist ebenso konturenarm wie schillernd.[5] Unter der Geltung des Grundgesetzes kennt er zwei Bezugsebenen: eine offensichtliche und eine verdeckte. Auf einer ersten Ebene bezieht er sich auf die Herausbildung des Volkswillens, mithin auf die politische Willensbildung in der Sphäre der Gesellschaft. Sie bildet die offensichtliche Bezugsebene von Art. 21 Abs. 1 Satz 1 GG. Dieser mandatiert die Parteien, politische Ziele zu formulieren und daran mitzuwirken, dass gesellschaftlich relevante Probleme erkannt, benannt und angemessenen Lösungen zugeführt werden.[6] Zugleich macht er bereits durch seine Formulierung deutlich, dass die politischen Parteien für eine solche Mitwirkung an der Willensbildung über kein Monopol verfügen („Die Parteien wirken [...] mit"),[7] sondern dass an dieser Aufgabe auch andere gesellschaftliche Kräfte – seien es einzelne Bürger,[8] seien es Gruppen und Verbände[9] – teilhaben. Auf einer zweiten Ebene bezieht sich der Begriff der politischen Willensbildung daneben auf die Willensbildung der institutionalisierten Staatlichkeit, also auf den von Art. 20 Abs. 2 Satz 2 GG erfassten Staatswillensbildungsprozess. Das Mandat der politischen Parteien erstreckt sich auch auf dessen Beeinflussung.[10] Das ist der verdeckte, von der Wendung „der Mitwirkung an der politischen Willensbildung des Volkes" nicht explizit offengelegte Gegenstand von Art. 21 Abs. 1 Satz 1 GG. So sind es die politischen Parteien, die mittels der zunächst von ihnen aufgestellten und hernach durch Wahl legitimierten Kandidaten Einfluss auf die Entscheidungen der staatlichen Organe nehmen, die Beschlüsse in Parlament und Regierung treffen und die von ihnen erarbeiteten politischen Ziele in die Willensbildung der staatlichen Organe ein- und überführen.[11] Zugleich sind sie es, denen aufgetragen ist, eine Rückkopplung parlamentarisch und gubernativ getroffener Entscheidungen in den gesellschaftlichen Bereich zu bewirken, für die gefassten Beschlüsse im Volk um Verständnis zu werben und so zu deren Akzeptanz beizutragen.[12] In diesem Sinne besteht ihre Aufgabe darin, für das zu sorgen, was aus politikwissenschaftlicher Perspektive als Responsivität bezeichnet wird.[13]

Angesichts dessen zeigt sich die besondere Bedeutung der Parteien für die politische Willensbildung daran, dass sie sowohl an der Volks- als auch an der Staatswillensbildung mitwirken. Selbst an deren Verkopplung in der periodisch stattfindenden Wahl,[14] dem zentralen Verbindungsglied zwischen gesellschaftlicher und staatlicher Sphäre,[15] in dem unter Beachtung des Mehrheitsprinzips Stimmen in Mandate umgesetzt werden,[16] haben sie durch die Auswahl und Aufstellung von Kandidaten sowie durch die Ausarbeitung entsprechender Wahlprogramme maßgeblichen Anteil.[17] Daher ist es konsequent, wenn das Bundesverfassungsgericht resümiert, die Willensbildung des Volkes und die Willensbildung in den Staatsorganen vollzögen sich, „in vielfältiger und tagtäglicher, von den Parteien mitgeformter Wechselwirkung."[18]

Die so verstandene Mitwirkung an der politischen Willensbildung haben in den ersten Jahrzehnten der Geltung des Grundgesetzes politische Parteien übernommen, die ebenso im historischen wie im europäischen Vergleich ein System von erstaunlicher Stabilität und geringer Zersplitterung gebildet haben.[19] Seit mehr als anderthalb Jahrzehnten indes ist der Eintritt in eine neue Entwicklungsphase der deutschen Parteienlandschaft zu beobachten. Diese stellt nicht nur die politischen Parteien als solche vor ebenso vielfältige wie weitreichende Herausforderungen, sondern auch das ihnen geltende Recht. Das führt zu der Frage, welche Implikationen der Wandel des Parteiensystems für die den Parteien aufgetragene Mitwirkung an der politischen Willensbildung hat, wie er sich auf den Begriff und auf die einzelnen Facetten der rechtlichen Stellung politischer Parteien auswirkt und welche Maßnahmen und Regelungen sich empfehlen, um in der eingetretenen Situation die Parteien und damit die Demokratie des Grundgesetzes dauerhaft zu stabilisieren.

Die Beantwortung dieser Fragen erfordert zweierlei: zunächst eine Analyse der tatsächlichen Veränderungen, sodann eine Prüfung, ob und welche Konsequenzen hieraus für die politischen Parteien resultieren. Daher soll im Folgenden in einem ersten Schritt unter Einbeziehung politikwissenschaftlicher Erkenntnisse ein realitätsgerechtes Bild der Wandlungen des Parteiensystems gewonnen und hernach in einem zweiten Schritt die Bedeutung dieser Veränderungen für Begriff und Funktion, verfassungsrechtliche Stellung und gesetzliche Regulierung der Parteien näher beleuchtet werden. Einige Schlussbemerkungen runden die nachfolgenden Gedanken ab.

B. Der Wandel des Parteiensystems

Das deutsche Parteiensystem unterliegt seit jeher einem Wandel. Dessen Analyse gestattet es, zunächst die Entwicklung des Parteienwesens zu periodisieren sowie hernach die Veränderungen der Gegenwart einzuordnen und den durch sie bewirkten Eintritt in eine neue Entwicklungsphase der deutschen Parteienlandschaft zu verdeutlichen.

I. Periodisierung der Entwicklung des deutschen Parteiensystems

Eine erste, sich bis 1918 erstreckende Phase in der Entwicklung des deutschen Parteiensystems ist durch die Entfaltung des Parteienspektrums vor dem Hintergrund der Parlamentarisierung in Deutschland gekennzeichnet.[20] Sie kennt auf der einen Seite Massen- und Weltanschauungsparteien wie SPD und Zentrum, auf der andere Seite elitengesteuerte Honoratiorenparteien. In einer zweiten, sich bis 1933 erstreckenden Phase entsteht ein polarisiertes Vielparteiensystem, an dessen Rändern systemfeindliche Parteien bestehen. Dessen Ende markiert das vom 14. Juli 1933 datierende „Gesetz gegen die Neubildung von Parteien". Dieses bestimmt, dass nach der (Selbst-)Auflösung der anderen Parteien die NSDAP als einzige politische Partei in Deutschland besteht[21] und führt dazu, dass der Nationalsozialismus aus demokratischer Sicht eine „parteilose Zeit" darstellt[22] – eine Zeit, die (erst) mit dem Untergang der nationalsozialistischen Willkürherrschaft endet.

Der sich hieran anschließende Neubeginn ermöglicht den Eintritt in eine neue, nunmehr dritte Phase des deutschen Parteienwesens, deren Beginn auf das Jahr 1945 datiert.[23] Diese Phase ist einerseits durch die demokratische Neugründung der politischen Parteien gekennzeichnet, die zunächst an das Vielparteienmodell der Weimarer Zeit anknüpft.[24] Andererseits führt sie mit dem Übergang zu den Volksparteien auch zu einer Konsolidierung des Parteienwesens.[25] In deren Zentrum stehen zunächst CDU und CSU, die von ihrem Ausgangspunkt – der Überwindung der konfessionellen Spaltung der Milieus – auch im Übrigen eine integrative politische Kraft zu entfalten vermögen, während der Sozialdemokratie dieser Schritt erst deutlich später gelingt. Der sich hieraus entwickelnde Konzentrationsprozess in der Parteienlandschaft erreicht Mitte der 1970er Jahre seinen Höhepunkt. Die Kritik an der hieraus resultierenden Macht der seinerzeit etablierten politischen Parteien führt ab 1980 in Verbindung mit der Bürgerinitiativ- und Ökologiebewegung zur Entstehung der Grünen. Die hieraus resultierende Erweiterung des Parteienspektrums wird zum Charakteristikum der vierten Phase der Entwicklung des deutschen Parteienwesens.[26]

Die Wiedervereinigung im Jahr 1990 markiert den Aufbruch in eine fünfte Phase. Mit ihr ist nicht nur eine Vergrößerung des wahlberechtigten Staatsvolkes verbunden. Prägend für sie ist vielmehr die Aufnahme der zunächst als „PDS" firmierenden SED-Nachfolgepartei in das deutsche Parteienspektrum einerseits und die Integration ostdeutscher Parteien und Politiker in die anderen Parteien andererseits. Hinzu kommt ein einsetzender Rückgang der Bindungskraft der Volksparteien.[27]

II. Die Veränderungen der Gegenwart – Merkmale einer neuen Entwicklungsphase

Auch wenn sich das in der Nachkriegszeit herausgebildete deutsche Parteiensystem im geschichtlichen und im europäischen Vergleich über Jahrzehnte hinweg durch eine bemerkenswerte Beständigkeit und eine geringe Zersplitterung auszeichnet, vermag dies allein doch nicht den künftigen (Fort-)Bestand einer stabilen Parteienlandschaft zu garantieren.[28] Das verdeutlichen Tendenzen, die in den letzten anderthalb Jahrzehnten sichtbar geworden sind. Zu ihnen zählen – neben weiteren, hier nicht im Einzelnen nachzuzeichnenden Veränderungen[29] – u. a. eine Intensivierung des Bedeutungsverlustes der traditionellen Volksparteien, eine zunehmende Pluralisierung und Diversifizierung der Parteienlandschaft sowie eine wachsende Polarisierung des Parteiensystems. In der Summe sprechen diese Veränderungen – abweichend von der überwiegend vertretenen These, die seit der Wiedervereinigung zu beobachtende fünfte Phase des bundesdeutschen Parteienwesens erstrecke sich ungebrochen bis in die Gegenwart[30] – dafür, dass seit mehr als anderthalb Jahrzehnten eine neue, eine sechste Entwicklungsphase der deutschen Parteienlandschaft eingesetzt hat.

1. Intensivierung des Bedeutungsverlustes der traditionellen Volksparteien

Kennzeichnend für diese sechste Phase in der Entwicklung des Parteienwesens ist zunächst eine Intensivierung des Bedeutungsverlustes der traditionellen Volksparteien.[31] Sie ist europaweit zu konstatieren.[32] In Deutschland lässt sie sich insbesondere an der in den letzten anderthalb Jahrzehnten zu verzeichnenden Entwicklung der Wahlergebnisse und Mitgliederzahlen von CDU/CSU und SPD ablesen.[33] So erzielten die drei Parteien bei der Bundestagswahl 2021 zusammen 49,8 % der Zweitstimmen.[34] Niemals zuvor war der von ihnen gemeinsam errungene Stimmenanteil – der bereits in den Bundestagswahlen zuvor zurückgegangen war[35] – so gering. Wie gravierend der Rückgang ihrer Bindungskraft ist, belegt vor allem ein Vergleich mit den Bundestagswahlergebnissen von 1976 – dem Jahr, in dem CDU/CSU und SPD ihren in der Summe bislang höchsten Zweitstimmenanteil erreichten und in dem sie 91,2 % der Wählerstimmen auf sich vereinigen konnten.[36] Legt man die gegenwärtigen Umfrageergebnisse zugrunde, könnte die Bundestagswahl 2025 gar dazu führen, den Status der SPD als Volkspartei infrage zu stellen.[37] Als Ursachen dieser Entwicklung gelten u. a. die Auflösung der traditionellen Milieus mit ihren engen Parteibindungen[38] sowie Repräsentationslücken, deren Entstehung die Volksparteien nicht haben verhindern können.[39]

Bei alledem korrespondiert dem Niedergang an Zweitstimmenanteilen ein Verlust an Mitgliedern.[40] So hat die CDU zwischen 2009 und 2024 30,4 % ihrer Mitglieder verloren (in Zahlen: 158.041), die CSU 17,8 % (in Zahlen: 28.198) und die SPD 28,8 % (in Zahlen: 147.330).[41] In politikwissenschaftlichen Studien wird hieraus zum Teil der Abschied vom Typus der Mitgliederpartei abgeleitet, der sich neben einer breiten, an der Mitgliedschaft ablesbaren gesellschaftlichen Verwurzelung auch dadurch auszeichnet, dass die straffe Führungsstruktur von der Mitgliederbasis demokratisch kontrolliert wird.[42] Stattdessen wird ein zunehmender Übergang zu „professionalisierten Wählerparteien" konstatiert,[43] also zu Parteien, die aufgrund des Rückgangs ihrer Mitgliederzahlen und – hieraus folgend – ihrer eigenen finanziellen Ressourcen ihr besonderes Augenmerk sowohl auf ihren öffentlichen Arm, der sich in Parlamentsfraktionen und Regierungsämtern manifestiert, als auch auf die Bedürfnisse der Wähleransprache richten.[44] Allerdings spricht einiges dafür, dass diese Entwicklungstendenz mehr die Realität der traditionellen Volksparteien als die der übrigen Parteien beschreibt, weil manche der neu gegründeten, aber auch der bereits bestehenden Parteien in den letzten anderthalb Jahrzehnten durchaus einen namhaften Mitgliederbestand haben aufbauen bzw. ihren Mitgliederbestand nachhaltig haben erweitern können. Darauf wird noch zurückzukommen sein.[45]

2. Zunehmende Pluralisierung und Diversifizierung der deutschen Parteienlandschaft

Der Intensivierung des Bedeutungsverlustes der traditionellen Volksparteien korrespondiert eine Entwicklung, die zu einer zunehmenden Pluralisierung und Diversifizierung der deutschen Parteienlandschaft führt. Diese beginnt in den 1980er Jahren auf der Grundlage eines bis dahin weitgehend stabilen bundesdeutschen Parteiensystems mit der Etablierung der Grünen, bleibt indes bis in die 1990er Jahre mit der Verankerung der SED-Nachfolgepartei PDS noch zurückhaltend.[46] Seit mehr als anderthalb Jahrzehnten mehren sich jedoch die Anzeichen dafür, dass sie an Dynamik gewinnt. Das lässt sich an den bundesweit wahrgenommenen Neugründungen der jüngeren und jüngsten Zeit ablesen.[47] Diese reichen von der (Satire-)Partei „Die Partei" (gegründet 2004) bis zur Piratenpartei (gegründet 2006), von der Partei „Die Linke" (gegründet 2007) bis zu den „Freien Wählern" (gegründet 2009), von der „AfD" (gegründet 2013) bis zur paneuropäischen Partei „Volt" (gegründet 2018), von der Partei „die Basis" (gegründet 2020) bis zur „Klimaliste Deutschland" (gegründet 2021), vom „Bündnis Sahra Wagenknecht" (gegründet 2024) über die „Werteunion" (gegründet 2024) bis zur politischen Vereinigung „DAVA" (gegründet 2024)[48] – um nur die bekannteren der Neugründungen zu erwähnen, denen es zugleich in nennenswertem Umfang gelingt, auch Mitglieder für sich zu gewinnen.[49] Zu ihnen kommen in den vergangenen anderthalb Jahrzehnten mehr als fünfzig weitere, neu gegründete Parteien hinzu.[50]

Nun sind derartige Neugründungen mitnichten ein neues Phänomen. Bis zur Wiedervereinigung sind in der Bundesrepublik Deutschland Schätzungen zufolge etwa 175 Parteien ganz verschiedenen Typs gegründet worden – und größtenteils auch wieder untergegangen.[51] Gleichwohl fallen – bei aller Vorsicht, die wegen der noch ausstehenden Konsolidierung der Neugründungen geboten erscheint – mindestens drei Besonderheiten der jüngeren Zeit auf: dass die Anzahl neu formierter Parteien, die entweder über das Potenzial verfügen, in eines der deutschen Parlamente auf Länderebene einzuziehen oder denen dies bereits gelungen ist, tendenziell zunimmt, dass die darin zum Ausdruck gelangende Dynamisierung der deutschen Parteienlandschaft ihren Niederschlag jedenfalls zum Teil auch auf der Ebene des Bundes findet und dass schließlich nicht zuletzt deshalb die neu gegründeten Parteien auch medial entsprechend wahrgenommen werden.

Aus institutioneller Perspektive hat ein derartig pluralisiertes und diversifiziertes Parteiensystem verschiedene Auswirkungen, aus denen hier drei herausgegriffen seien. So erhöht es zunächst die Wahrscheinlichkeit, dass die Anzahl jener Parteien, die bei den Wahlen zum Deutschen Bundestag die 5 %-Hürde nicht zu überwinden vermögen und denen daher der Sprung ins Parlament nicht gelingt, wächst.[52] Dem korrespondiert, dass auch die Wahrscheinlichkeit für eine Zunahme der Anzahl jener Zweitstimmen steigt, die sich in der Zusammensetzung des Parlaments im Ergebnis nicht widerspiegeln, deren Erfolgswert also auf Null reduziert ist.

Das hat etwa bei der Bundestagswahl 2013 15,7 % und bei der letzten Bundestagswahl 2021, abgemildert durch die seinerzeitige Grundmandatsklausel,[53] immerhin 8,6 % der Wählerstimmen betroffen – ein Anteil, der sich mittelfristig, wenn die Anzeichen nicht täuschen, auf einem vergleichbaren Niveau stabilisieren, wenn nicht sogar erhöhen dürfte.[54] Zudem führt eine an Dynamik gewinnende Pluralisierung und Diversifizierung des Parteienwesens dazu, dass die Bildung von Regierungskoalitionen schwieriger wird, weil jedenfalls Zwei-Parteien-Koalitionen auf diese Weise unwahrscheinlicher werden[55] und sowohl die Erarbeitung als auch die Durchsetzung politischer Kompromisse anspruchsvoller und komplexer wird. In der Konsequenz kann sich nicht zuletzt die Wahrscheinlichkeit für Minderheitsregierungen erhöhen, die freilich weder einen stabilen noch dauerhaften Regierungsbestand verheißen.[56] Und schließlich führen die mittlerweile vielfältigen Koalitionsbildungen in den Bundesländern, in denen es zu mehr als zehn verschiedenen Koalitionsformationen kommt, dazu, dass jene Parteien, die sich auf der Ebene des Bundes als Regierungs- und Oppositionsparteien gegenüberstehen, über den Bundesrat vielfältig miteinander verflochten sind. Das erklärt, dass aus Sicht der Wähler zum Teil nur jene Parteien als „echte" Oppositionsparteien wahrgenommen werden, die weder auf Bundes- noch auf Landesebene Regierungsverantwortung tragen.[57]

3. Wachsende Polarisierung des deutschen Parteiensystems

Besondere Brisanz erhalten die genannten Entwicklungen durch die wachsende Polarisierung des deutschen Parteienwesens.[58] Sie findet ihren Ausdruck u. a. darin, dass Parteien untereinander – sei es aus personellen, sei es aus sachlichen Gründen – eine parlamentarische Zusammenarbeit, erst recht die Bildung von Regierungskoalitionen, ausschließen.[59] In der Folge kommt es im Parlament zu einer faktischen Verringerung der Anzahl jener Parteien bzw. Fraktionen, die sich gegenseitig als koalitions- und regierungstauglich betrachten. Derartige Ausschlüsse der Zusammenarbeit in Regierungskoalitionen gehören zu den Kennzeichen der gegenwärtigen, sechsten Entwicklungsphase der deutschen Parteienlandschaft, insofern sie – erstens – nicht nur auf der einen Seite des politischen Spektrums, sondern zugleich auch auf dessen anderer Seite zu beobachten und zweitens nicht nur situativ, sondern strukturell angelegt sind.[60] Das hat sich in den letzten anderthalb Jahrzehnten zunächst exemplarisch zwischen SPD und der Partei „Die Linke" gezeigt und manifestiert sich gegenwärtig in der Abgrenzung von CDU/CSU und AfD.[61]

Aus dieser Polarisierung des deutschen Parteienwesens ergeben sich in der Praxis erhebliche Konsequenzen für das parlamentarische Regierungssystem. Diese resultieren aus dem Umstand, dass trotz einer über mehrere Wahlperioden hinweg erfolgenden parlamentarischen Stabilisierung neuer Parteien deren Integration in die Regierung unterbleibt. Das hat zur Folge, dass es trotz einer beständigen parlamentarischen Repräsentanz der betreffenden Parteien und trotz einer damit einhergehenden nachhaltigen Pluralisierung des Parlaments nicht zu einer Pluralisierung der Regierungsbildungen kommt. In der Bundestagswahl von 2005 hat sich exemplarisch gezeigt, dass das u.U. selbst dort durchgehalten wird, wo das Wahlergebnis eine Koalitionsbildung rein rechnerisch ermöglichen würde, da seinerzeit SPD, Bündnis 90/Die Grünen und Die Linke/PDS gemeinsam 51% der Wählerstimmen auf sich vereinigt haben, ohne dass es zu einer entsprechenden Regierungsbildung gekommen wäre.[62] In der Konsequenz bleibt – jedenfalls solange Zwei-Parteien-Koalitionen für eine parlamentarische

Mehrheitsbildung nicht ausreichen – nur das, was als Crossover-Regierungsbildung bezeichnet werden kann: Eine Regierungsbildung unter Parteien, die aus entgegengesetzten, jedenfalls aber aus unterschiedlichen politischen Spektren stammen. Selbstredend ist auch eine solche Regierungsbildung in einem parlamentarischen Regierungssystem ohne Weiteres möglich. Indes ist vorhersehbar, zumindest aber gesteigert wahrscheinlich, dass entsprechende Drei- oder Mehr-Parteien-Koalitionen in doch neuartiger Schärfe vor die Herausforderung gestellt sind, teils unvereinbare, teils schwer vereinbare Ausgangspositionen im Wege des Kompromisses miteinander zu vereinbaren. Das wiederum erschwert die Bildung einer funktionstüchtigen Regierung und verringert die Wahrscheinlichkeit für deren friktionsarmen, über die gesamte Dauer einer Legislaturperiode hinweg stabilen Bestand.

4. Zwischenergebnis

Die seit anderthalb Jahrzehnten zutage tretende sechste Phase des deutschen Parteiensystems ist durch den intensivierten Bedeutungsverlust der traditionellen Volksparteien, die zunehmende Pluralisierung und Diversifizierung des Parteienwesens und die wachsende Polarisierung der Parteienlandschaft gekennzeichnet. Diese Entwicklungen führen in ihrem Zusammenwirken zu einer dynamischen Zunahme der Anzahl miteinander konkurrierender politischer Parteien, die der Stabilität des Parteienwesens umso weniger zuträglich ist, als in das Wählerverhalten zugleich eine erhebliche Volatilität eingezogen ist,[63] die früher in dieser Form nicht existierte.[64] Auch wenn in den Bundestagswahlen von 2017 und 2021 sieben bzw. sechs Parteien die 5 %-Hürde haben überwinden können[65] und sich darin ein Wandel von einem moderaten zu einem eher polarisierten Pluralismus manifestiert,[66] ist allerdings bislang noch keine Zersplitterung des Parteienwesens eingetreten, die die Bildung handlungsfähiger Bundesregierungen unmöglich gemacht hätte. Ohnehin dürfte es übertrieben und Ausdruck des Weimarer Traumas sein, wenn Teile der Politikwissenschaft ab einem Fünf-Parteiensystem bereits die Grenze zu einem „extremen Pluralismus" überschritten sehen.[67] Das legt bereits ein Blick auf die Verhältnisse in anderen Staaten Europas nahe.[68]

C. Der Wandel des Parteiensystems und seine Bedeutung für Begriff, Funktion, verfassungsrechtliche Stellung und gesetzliche Regulierung der politischen Parteien

Was folgt nun aus dem dargestellten Wandel des Parteiensystems für Begriff und Funktion, verfassungsrechtliche Stellung und gesetzliche Regulierung der politischen Parteien? Naheliegend erscheint die These, dass die dargestellten Veränderungen – teils latente, teils evidente – Implikationen für sämtliche dieser Bereiche haben. Denn es spricht viel dafür, dass sie nicht nur den Parteibegriff aktualisieren, sondern auch und vor allem die Mitwirkung der Parteien an der politischen Willensbildung, die Grundsätze der Parteienfreiheit und -gleichheit, die staatliche Parteienfinanzierung und das bestehende System parteinaher Stiftungen, die Beobachtung politischer Parteien durch den Verfassungsschutz und schließlich auch das Instrument des Parteiverbots betreffen. Demgemäß fordern sie das Recht der politischen Parteien in zwar differenzierter, aber gleichwohl ubiquitärer Weise heraus. Das sei im Folgenden in acht Schritten näher entfaltet.

I. Der Wandel des Parteiensystems und der Parteibegriff

Zunächst sind die skizzierten Entwicklungen des Parteiwesens für den Parteibegriff relevant. Sie geben zwar keinen Anlass zu dessen Modifizierung, wohl aber zu der Erinnerung, dass die ihn betreffenden Vorgaben des Parteienrechts auch in der Praxis zu beachten und anzuwenden sind.

1. Die Unabhängigkeit des Parteibegriffs von der Bandbreite politikwissenschaftlich unterscheidbarer Parteitypen

Dass sich der Wandel des Parteiensystems in den Bahnen des überkommenen Parteibegriffs vollzieht, verdeutlichen vor allem jene Parteien, die nach politikwissenschaftlichem Verständnis nicht (mehr) dem Typus der Mitgliederpartei, sondern dem der „professionalisierten Wählerpartei" zuzurechnen sind. Denn die Frage, ob auch sie politische Parteien im Sinne des Grundgesetzes darstellen, ist ohne jede Einschränkung zu bejahen.[69] Zwar enthält sich Art. 21 GG einer Definition des Parteibegriffs. Gleichwohl setzt er diesen nicht nur voraus,[70] sondern gibt ihn auch „in seinen konstituierenden Elementen" vor.[71] Hiernach bestehen für die Anerkennung als politische Partei drei Anforderungen: zunächst das Vorliegen einer Vereinigung von Bürgern, sodann die Absicht, auf die politische Willensbildung Einfluss zu nehmen und durch gewählte Repräsentanten in Volksvertretungen mitzuwirken und schließlich die nach dem Gesamtbild der tatsächlichen Verhältnisse bestehende Ernsthaftigkeit bei der Verfolgung dieser Zielsetzung.[72] Die grundgesetzliche Ableitung darüber hinausgehender materieller Anforderungen an den Parteibegriff – etwa eine Orientierung am Gemeinwohl,[73] eine staatstragende Ausrichtung bzw. eine Bereitschaft zur Übernahme von Regierungsverantwortung[74] oder auch die Verfassungstreue[75] – muss bereits daran scheitern, dass dem Grundgesetz erkennbar ein formaler Parteibegriff zugrunde liegt[76] und mit einer solchen Deduktion zudem die Gefahr einer übermäßigen verfassungstheoretischen Aufladung von Art. 21 GG, gleichsam die Gefahr einer Überkonstitutionalisierung des Parteibegriffs, verbunden wäre.[77] Sind daher die genannten drei Elemente gegeben, genügen dem Parteibegriff des Grundgesetzes ohne Weiteres auch politikwissenschaftlich unterscheidbare Parteitypen: von der Konfessions- bis zur Klassenpartei, von der Volks- bis zur Splitterpartei, von der Programm- bis zur Interessenpartei, von der Mitglieder- bis zur professionalisierten Wählerpartei, aber auch von der auf dem Boden des Grundgesetzes stehenden Partei bis zu der die freiheitliche demokratische Grundordnung bekämpfenden Partei.[78] Umgekehrt sind Vereinigungen, die eines der Begriffsmerkmale nicht erfüllen, nicht etwa rechtswidrig verfasste, sondern überhaupt keine Parteien.[79]

An diesen aus der Verfassung selbst gewonnenen Parteibegriff ist der Gesetzgeber, der nach Art. 21 Abs. 5 GG das „Nähere" durch Bundesgesetz regelt, bereits aus Gründen der Normenhierarchie gebunden.[80] Das gilt nicht zuletzt auch deshalb, weil nur so die Gefahr zu vermeiden ist, dass die Sicherungen des Art. 21 GG durch gesetzgeberische Negation der Parteieigenschaft umgangen werden.[81] Gleichwohl ist dem Gesetzgeber durch Art. 21 Abs. 5 GG die Aufgabe übertragen, die verfassungsrechtlich vorgegebenen Konturen des Parteibegriffs einfach-gesetzlich aufzunehmen, nachzuzeichnen und zu konkretisieren – mit der Folge, dass dort, wo er dieses Ziel verfehlt, die einfachgesetzliche Definition des Parteibegriffs mit Art. 21 GG nicht vereinbar ist.[82] Dem entspricht auch die Judikatur des Bundesverfassungsgerichts, in der die gesetzliche Definition des § 2 Abs. 1 PartG[83] am Maßstab von Art. 21 GG gemessen und im Ergebnis für verfassungsmäßig erklärt wird,[84] weil der Gesetzgeber durch sie den Parteibegriff des Art. 21 Abs. 1 GG in verfassungsmäßiger Weise konkretisiert habe.[85] Insofern handelt es sich bei § 2

Abs. 1 PartG um eine grundsätzlich gelungene gesetzgeberische Aufgabenerfüllung.[86] Allerdings verstößt der einfachgesetzliche Ausschluss sog. Rathausparteien einerseits[87] und ausschließlich an den Wahlen zum Europäischen Parlament teilnehmender Parteien andererseits[88] im Hinblick darauf, dass sich auch diese an der politischen Willensbildung beteiligen, gegen Art. 21 GG.

2. Exemplarische Aktualisierungen des Parteibegriffs

Die Veränderungen der deutschen Parteienlandschaft erfüllen den Parteibegriff nicht nur unter dem Aspekt einer zunehmenden Bandbreite politikwissenschaftlich unterscheidbarer Parteitypen mit neuer Aktualität, sondern auch mit Blick auf konkrete Neugründungen. Insofern geben sie Anlass, die Bestimmungen des Parteiengesetzes ernst zu nehmen. Das mögen zwei Beispiele belegen: die 2004 von Redakteuren der Titanic initiierte „Partei für Arbeit, Rechtsstaat, Tierschutz, Elitenförderung und basisdemokratische Initiative" (Die PARTEI) und die im Januar 2024 gegründete „Demokratische Allianz für Vielfalt und Aufbruch" (DAVA).

Charakteristisch für „Die PARTEI" sind satirisch überspitzte Forderungen, durch die sie mediale Aufmerksamkeit auf sich zu ziehen sucht – ihr Grundsatzprogramm etwa sieht die Errichtung einer „Sonderbewirtschaftungszone" (SBZ) auf dem Gebiet der fünf östlichen Bundesländer und die Wiedererrichtung der Mauer vor.[89] Obgleich sie zur Bundestagswahl 2005 zugelassen worden war,[90] verweigerte ihr der Bundeswahlausschuss die Zulassung zur Bundestagswahl 2009, weil es sich bei ihr unter Würdigung aller bekannten Umstände nicht um eine politische Partei handle.[91] Gleichwohl wurde sie hernach wieder zur Bundestagswahl 2013 und den folgenden Bundestagswahlen zugelassen.[92] Bei den Bundestagswahlen 2017 und 2021 etwa erhielt sie jeweils 1,0 % der Zweitstimmen.[93] In ihrem Programm zur Bundestagswahl 2017 forderte sie u. a., die medizinische Versorgung auf dem Land auf Tierärzte zu übertragen oder im Interesse eines Verzichts auf Tierversuche entsprechende Tests zukünftig an Spitzensportlern durchzuführen.[94] Ihr Programm zur Bundestagswahl 2021 enthielt u. a. Forderungen nach einer „Wirecard für alle", nach der Einführung einer „Bierpreisbremse" oder nach Abiturprüfungen, für die die Lösungen vorher im Internet veröffentlicht werden sollten.[95] Seit den Europawahlen 2014 ist sie aufgrund ihrer Wahlergebnisse von 0,63 % (2014), 2,4 % der Stimmen (2019) bzw. 1,9 % der Stimmen (2024) nicht nur im Europäischen Parlament vertreten,[96] sondern partizipiert auch an der staatlichen Parteienfinanzierung.[97] Zudem tritt sie unter ausdrücklicher Beanspruchung des Status einer politischen Partei als Antragstellerin in Organstreitverfahren vor dem Bundesverfassungsgericht auf.[98]

Trotz ihrer kontinuierlichen und teilweise erfolgreichen Teilnahme an Wahlen, trotz einer gewiss ausreichenden organisatorischen Verfestigung[99] und trotz ihrer beachtlichen Mitgliederzahl[100] lässt sich durchaus bezweifeln, dass es sich bei der „PARTEI" um eine politische Partei i. S. d. § 2 Abs. 1 PartG handelt. So ist hierfür nicht nur die Absicht erforderlich, dass eine betreffende Vereinigung dauernd oder für längere Zeit im Bund oder auf der Ebene eines Landes auf die politische Willensbildung Einfluss nehmen und an der Vertretung des Volkes im Bundestag oder einem Landtag mitwirken will, sondern auch, dass sie „nach dem Gesamtbild der tatsächlichen Verhältnisse [...] eine ausreichende Gewähr für die Ernsthaftigkeit dieser Zielsetzung [bietet]." Das Bundesverfassungsgericht verneint das Vorliegen dieser Voraussetzung nicht nur, wenn Vereinigungen „nach ihrem

Organisationsgrad und ihren Aktivitäten offensichtlich nicht im Stande sind, auf die politische Willensbildung des Volkes Einfluss zu nehmen", sondern auch bei Zusammenschlüssen, „bei denen die Verfolgung dieser Zielsetzung erkennbar unrealistisch und aussichtslos ist und damit nicht (mehr) als ernsthaft eingestuft werden kann."[101]

Nun darf das Merkmal der Ernsthaftigkeit mit Blick auf den bereits angesprochenen formalen Parteibegriff des Grundgesetzes und die Neutralität des Staates nicht zum Vorwand genommen werden, um Satzung und Programm einer Partei einer inhaltlichen Überprüfung zu unterwerfen. Es darf insbesondere nicht zu einer verkappten Inhaltskontrolle hinsichtlich der politisch verfolgten Ziele eingesetzt werden. Allerdings ist es auf den Durchsetzungswillen hinsichtlich der politischen Ziele zu beziehen.[102] Hieran fehlt es, wenn sich eine Vereinigung durch offensichtlich nicht ernst gemeinte Ziele oder Betätigungen auszeichnet.[103] Das ist etwa bei sog. Scherzvereinigungen anerkannt.[104] Der Fall der „PARTEI" gibt Anlass für die Prüfung, ob dies auch für Satireparteien gilt, die ganz bewusst ironisch überzeichnete, ersichtlich nicht ernst gemeinte und teils bizarre Forderungen erheben, um damit Aufmerksamkeit zu erzielen und zugleich die anderen politischen Parteien vorzuführen. Auch wenn sich Satire- von reinen Scherzparteien dadurch unterscheiden, dass sie mit ihren bewusst übersteigerten Aussagen durchaus politische Themen adressieren und durch satirische Aktionen und Forderungen eine u.U. ernstzunehmende Kritik am politischen System und politischen Entscheidungen äußern können, ist doch klärungsbedürftig, ob zur ernsthaften Einflussnahme auf die politische Willensbildung i. S. d. § 2 Abs. 1 PartG nicht zwingend auch die Erarbeitung konstruktiver, realistischer und ernstgemeinter Lösungskonzepte zählt. Verlangt man dies, dürfte die Parteieigenschaft der

„PARTEI" trotz des Umstands, dass die Parteieigenschaft im Interesse einer effizienten Gewähr der Parteienfreiheit im Zweifel zugunsten der anzeigenden Vereinigung zu beurteilen ist,[105] zweifelhaft sein. Trotz der bislang begrenzten politischen Relevanz der „PARTEI" erscheint eine entsprechende Klärung angesichts des Umstands, dass in der Vergangenheit auch andere hinsichtlich ihrer Parteieigenschaft zweifelhafte Vereinigungen – wie etwa die (mittlerweile nicht mehr aktive) „Spasspartei für Deutschland" (SPASSPARTEI) oder die „Anarchistische Pogo-Partei Deutschlands" (APPD) – zu einzelnen Bundestagswahlen zugelassen worden sind,[106] als Desiderat. Das gilt erst recht in einer zunehmend pluralisierten, diversifizierten und polarisierten Parteienlandschaft.

Eine andere Facette des Parteibegriffs verspricht demgegenüber die im Januar 2024 mit muslimisch-türkischem Hintergrund gegründete „Demokratische Allianz für Vielfalt und Aufbruch" (DAVA) zu aktualisieren. Sie ist als sog. sonstige politische Vereinigung bei den Europawahlen 2024 angetreten und hat dies – ebenso wie ihre Umwandlung in eine Partei – auch für die Bundestagswahlen 2025 angekündigt.[107] Ihrem Programm nach adressiert sie vor allem „Menschen mit muslimischem und türkischem Hintergrund", die, so ihr Spitzenkandidat für die Europawahl 2024, „in Deutschland geboren und aufgewachsen sind und am gesellschaftlichen Leben teilhaben wollen, sich aber nicht als Teil der Gesellschaft fühlen", weil sie „in den etablierten Parteien nicht ernst genommen [würden]." Ihre Themen sind ein von ihr konstatierter Rassismus in Deutschland sowie eine von ihr geltend gemachte Diskriminierung und Ausgrenzung von Menschen mit Zuwanderungsgeschichte.[108] In den bislang vorliegenden Äußerungen ist nicht zuletzt die Rede davon, dass man sich an die muslimische Community wende, um diese zu verteidigen und dass man sich in einem religiös konnotierten

Kulturkampf mit dem Westen befinde.[109] Angesichts dessen überrascht es nicht, dass im Programm der DAVA namentlich auch der Konflikt zwischen Israel und den Palästinensern berücksichtigt wird.[110] Auffällig ist zudem, dass der in erheblichem Umfang türkischstämmige Führungskader der Vereinigung einen engen Bezug zum türkischen Präsidenten Erdogan aufweist.[111] Das unterscheidet die DAVA nicht nur von anderen politischen Vereinigungen oder Parteien mit muslimischem Hintergrund, die in Deutschland in der Vergangenheit gegründet worden sind,[112] sondern hat auch zu dem Befund geführt, dass sie personell wie inhaltlich der AKP sehr nahe stehe bzw. deren verlängerter Arm sei.[113] Insofern bestehen Anzeichen dafür, dass sich bei ihr zum ersten Mal Vertreter einflussreicher AKP-Lobby-Organisationen zusammengeschlossen haben, um mittelfristig eine Partei zu gründen.[114] Durchschlagskraft und Nachhaltigkeit dieses Versuchs werden sich freilich erst noch erweisen müssen.

Angesichts des skizzierten Hintergrundes des Führungspersonals der DAVA gewinnt für sie ebenso wie für vergleichbare Neugründungen der bislang nur eingeschränkt relevant gewordene § 2 Abs. 3 Nr. 1 PartG an praktischer Bedeutung. Diesem zufolge sind politische Vereinigungen dann keine Parteien, wenn „ihre Mitglieder oder die Mitglieder ihres Vorstandes in der Mehrheit Ausländer sind". Das ist der Fall, wenn mehr als 50 % der Mitglieder der Vereinigung oder mehr als 50 % der Mitglieder ihres Vorstands keine Deutschen i. S. d. Art. 116 Abs. 1 GG sind.[115] Mit dieser Regelung sowie mit § 2 Abs. 3 Nr. 2 PartG, demzufolge die Parteieigenschaft auch bei Vereinigungen fehlt, deren Sitz oder deren Geschäftsleitung sich außerhalb des Geltungsbereiches des Parteiengesetzes befindet, hat der Gesetzgeber negative Tatbestandsmerkmale des Parteibegriffs geschaffen, um im Falle einer fehlenden nationalstaatlichen Verankerung politischer

Vereinigungen deren Ausschluss aus dem Parteienrecht sicherzustellen.[116] Das gilt es bei der Anwendung dieser Vorschrift auf Zusammenschlüsse wie die DAVA nicht weniger zu beachten als das – positive – Merkmal der „Ernsthaftigkeit" im Fall der „PARTEI".

Darüber hinaus verweist § 2 Abs. 3 Nr. 1 PartG auch noch auf einen weiteren, bislang wenig beachteten Aspekt. Dieser betrifft den Umstand, dass aufgrund der durch die Vorschrift bewirkten Verknüpfung des Parteibegriffs mit der deutschen Staatsangehörigkeit[117] eingebürgerte Personen oder Bürger mit doppelter Staatsangehörigkeit keine Ausländer im Sinne dieser Bestimmung sind. Das hat zur Folge, dass sich entsprechende Änderungen des Staatsangehörigkeitsrechts – namentlich im Falle einer hierdurch bewirkten Erleichterung des Erwerbs der deutschen Staatsangehörigkeit auf der einen und einer weitreichenden Hinnahme doppelter Staatsangehörigkeiten auf der anderen Seite – notwendigerweise auch auf § 2 Abs. 3 Nr. 1 PartG auswirken. Das belegt das Gesetz zur Modernisierung des Staatsangehörigkeitsrechts vom 22. März 2024,[118] durch das die Wartefrist für Anspruchseinbürgerungen i. S. d. § 10 Abs. 1 StAG von acht auf fünf Jahre – im Falle besonderer Integrationsleistungen sogar auf drei Jahre – abgesenkt und die Mehrstaatigkeit generell zugelassen worden ist:[119] Soweit es in der Folge dieser Reform zu der absehbaren und gesetzgeberisch ausdrücklich intendierten substantiellen Erhöhung der Einbürgerungszahlen kommen sollte, wird es politischen Vereinigungen, die sich wie die DAVA in spezifischer Weise an Menschen mit Migrationshintergrund wenden, deutlich erleichtert, die aus § 2 Abs. 3 Nr. 1 PartG resultierenden Hürden zu überwinden und den Status einer politischen Partei zu erlangen – ganz zu schweigen davon, dass hierdurch die potentielle Wählerschaft solcher Parteien signifikant vergrößert wird.[120] Das zeigt, dass auch ohne eine Modifikation des Wortlauts von § 2 Abs. 3 Nr. 1 PartG dessen Anwendungsbereich durch eine Reform des Staatsangehörigkeitsrechts nachhaltig verändert werden kann und belegt, dass zwischen dem Parteien- und dem Staatsangehörigkeitsrecht insofern ein unmittelbarer Zusammenhang besteht. Vor diesem Hintergrund spricht viel dafür, dass der Gesetzgeber mit der erneuten Staatsangehörigkeitsrechtsreform einen zwar vielleicht nicht intendierten, im Ergebnis aber doch signifikanten Beitrag dazu geleistet hat, die ohnehin bereits festzustellenden Entwicklungstrends der Pluralisierung, Diversifizierung und Polarisierung des deutschen Parteiwesens weiter zu verstärken. Soweit entsprechende Parteien bei Wahlen zukünftig die 5%-Klausel überwinden sollten, würden diese Konsequenzen auch das parlamentarische Regierungssystem als solches treffen.

II. Der Wandel des Parteiensystems und die Mitwirkung der politischen Parteien an der Willensbildung in Volk und Staat

Der Wandel des Parteiensystems aktualisiert indes nicht nur den Parteibegriff, sondern hat auch – und weit mehr noch – Implikationen für die den Parteien gem. Art. 21 Abs. 1 Satz 1 GG aufgetragene Mitwirkung an der politischen Willensbildung. Wie bereits hervorgehoben,[121] dient diese der Rückbindung der Willensbildung der staatlichen Organe an den Willen des Volkes. Sie soll demgemäß der Gefahr einer Verselbständigung der staatlichen Organe von ihrem Auftraggeber entgegenwirken.[122] Ob dieses Ziel in der grundgesetzlich intendierten Weise erreicht wird, ist wesentlich in die Hände der politischen Parteien gelegt und hängt von deren Fähigkeit ab, die im Volk relevanten Themen und Ansichten zu identifizieren, programmatisch aufzunehmen, in die Meinungsbildung und Beschlussfassung der staatlichen Organe einzuführen und hernach für die so vorgenommenen Weichenstellungen wiederum im Volk um Verständnis zu werben. Entscheidend ist mithin, ob es den Parteien gelingt, die Willensbildung des Volkes und die Willensbildung der staatlichen Organe zu synchronisieren. Hier sind bereits seit Längerem Schwächen erkennbar. Diese zählen einerseits zu den Ursachen des konstatierten Wandels des Parteiensystems, können andererseits jedoch auch als Anlass für eine Rückbesinnung auf synchronisationsstärkende Maßnahmen dienen.

1. Erkennbare Schwächen in der den Parteien übertragenen Synchronisation von Volks- und Staatswillensbildung

Die zu konstatierenden Schwächen in der den Parteien übertragenen Synchronisation von Volks- und Staatswillensbildung betreffen nicht die korrekte formale Repräsentation des Volkes im Parlament, sondern die inhaltliche Repräsentation des Volkswillens in den staatlichen Entscheidungen. Für deren Gelingen sind rechtlich nur schwer steuerbare, subtile Mechanismen der responsiven Willensbildung maßgeblich – Mechanismen, die dafür sorgen, dass trotz der durch Art. 38 Abs. 1 Satz 2 GG verbürgten Freiheit der Abgeordneten, auch gegen die empirische Stimmungslage zu votieren, aufs Ganze gesehen doch ein Zustand erreicht wird, in dem sich das Volk zumindest mehrheitlich mit der parlamentarischen Problemlösung einverstanden erklären kann.

Die damit in den Blick rückenden Schwächen in der Synchronisation von Volks- und Staatswillensbildung zeigen sich prägnant anhand des Wandels des Parteiensystems. Verdeutlichen lassen sie sich zunächst exemplarisch an der

Etablierung der AfD als einem Exponenten dieses Wandels. Als sie 2013 als eurokritische und nationalliberale Partei gegründet wurde, trat sie noch im gleichen Jahr zur Bundestagswahl an und verpasste einen Parlamentseinzug seinerzeit nur denkbar knapp – mit 4,7 % der Zweitstimmen.[123] Gleichwohl schien es zunächst so, als ob ihre dauerhafte Etablierung im Parteiensystem misslingen würde.[124] Dem entsprach, dass sie im Spätsommer 2015 nach der monatlichen „Allensbach"-Umfrage nur noch mit 3,5 % der Zweitstimmen rechnen konnte.[125] Das indes änderte sich, ohne einer monokausalen Perspektive das Wort zu reden, im Sommer 2015 mit der Flüchtlingspolitik der seinerzeitigen Bundesregierung: Binnen kürzester Zeit verdoppelte sich ihr Stimmenanteil in Umfragen auf 7 %, um hernach nahezu stetig weiter anzusteigen.[126] Bei der Bundestagswahl 2017 erzielte die AfD bereits 12,6 %, was einem Stimmenzuwachs von 7,9 % im Vergleich zur Bundestagswahl 2013 entspricht.[127] Dem korrespondierte ein Wahlergebnis der die seinerzeitige Regierungskoalition tragenden Parteien, bei dem CDU/CSU um 8,6 % und SPD um 5,2 % hinter ihrem jeweiligen Resultat von 2013 zurückblieben.[128] Nachdem in der Bundestagswahl 2021 10,3 % der Zweitstimmen auf die AfD entfallen waren,[129] konnte diese seit der Regierungsübernahme durch die „Ampel"-Parteien ihre Umfragewerte bis heute stabil auf ca. 15 % steigern, zeitweise gar auf 19–20 % nahezu verdoppeln.[130]

Analysiert man diese Zahlen, wird deutlich, dass sich der zunächst zwischen dem Spätsommer 2015 und der Bundestagswahl 2017 vollziehende Aufstieg der AfD in erster Linie auf Kosten der die seinerzeitige große Koalition tragenden Parteien vollzog: Eine Untersuchung der 2017 erfolgten Wählerwanderung weist aus, dass die AfD – unter zusätzlicher, ganz erheblicher Mobilisierung bisheriger Nichtwähler[131] – von der Union netto 980.000 und von der SPD

470.000 Wähler gewann.[132] Ein wesentlicher Grund hierfür war Wahlanalysen zufolge – neben der Sorge vor einer Kriminalitätszunahme und einem zu stark werdenden Einfluss des Islam in Deutschland – die Flüchtlingspolitik der Bundesregierung,[133] die nach Feststellung der Forschungsgruppe Wahlen das „Top-Thema" der Bundestagswahl bildete.[134] So erklärten bei einer Umfrage 52 % der Befragten im Westen und 64 % der Befragten im Osten Deutschlands, mit dem Kurs der Bundesregierung in der Asyl- und Flüchtlingspolitik unzufrieden zu sein.[135] Das zeigt, dass es den regierungstragenden Parteien bis zur Bundestagswahl 2017 nicht bzw. nur unzulänglich gelang, breite Akzeptanz für die von ihrer Regierung seit 2015 verantwortete Staatswillensbildung in der Migrationsfrage zu generieren.[136] Das lässt sich als Schwäche in der Synchronisation von Volks- und Staatswillensbildung interpretieren: Aus Sicht der betroffenen Wähler funktionierte offenkundig weder die Willensbildung von ihnen in die CDU/CSU und in die SPD hinein – aber auch nicht in andere etablierte Parteien –, noch gelang umgekehrt die Vermittlung der von der Bundesregierung verantworteten Staatswillensbildung in den betreffenden Teil der Wählerschaft. Dieser suchte sich daraufhin ein Ventil für seine Enttäuschung – und fand die AfD. Die Rückwirkung der in den Staatsorganen getroffenen Entscheidungen in das Volk führte insofern statt zur grundgesetzlich intendierten Synchronisation der Willensbildung zu deren Desynchronisation. Dieser Trend dauert bis heute an, er hat sich in der Pandemie und seit 2021 unter der gegenwärtigen Bundesregierung verfestigt und verschärft.

Auch wer sich angesichts einer nach wie vor fehlenden systemischen Gefährdung der durch die politischen Parteien geprägten repräsentativen Demokratie dem Hang zur Dramatisierung widersetzt, wird kaum umhinkommen, diesen

Befund als besorgniserregend zu empfinden. Das gilt umso mehr, als die sich hierin exemplarisch zeigenden Schwächen der Responsivität der Parteien nicht nur zu den Gründen für die Etablierung der AfD zählen, sondern auch (mit-)verantwortlich für das Entstehen anderer Parteien – wie etwa die Gründung des „Bündnisses Sahra Wagenknecht" oder der „Werteunion" – und damit für den Wandel des Parteiensystems insgesamt sind. Daher indizieren die Veränderungen im Parteiensystem auch jenseits der Entstehung und Etablierung der AfD, dass in der gegenwärtigen, sechsten Phase der Entwicklung des Parteiensystems die Bindungs- und Integrationskraft der etablierten politischen Parteien abnimmt, ihre Responsivität geschwächt ist, eine Art Sprachstörung zwischen ihnen und dem Volk zu diagnostizieren und eine zunehmende Distanz zwischen Wählern und Gewählten zu beklagen ist.[137] Das wiederum nährt Zweifel, ob die in Art. 21 Abs. 1 Satz 1 GG angelegte Mitwirkung der Parteien an der politischen Willensbildung in ihrer herkömmlichen Gestalt noch ausreicht, um die Rückbindung der Willensbildung der staatlichen Organe an den Willen des Volkes ausreichend sicherzustellen.

2. Weitgehendes Fehlen sonstiger Instrumente zur Synchronisation von Volks- und Staatswillensbildung de constitutione lata

Mit Ausnahme der weitreichenden Optionen eines Misstrauensvotums oder einer Vertrauensfrage fehlen de constitutione lata allerdings Instrumente, die dieser Entwicklung während einer laufenden Wahlperiode entgegengesetzt werden könnten. Denn aus verfassungsrechtlicher Perspektive intendiert Art. 21 Abs. 1 Satz 1 GG zwar den Erfolg der Synchronisation von Volks- und Staatswillensbildung, gestaltet dieses Gelingen aber nicht als Rechtspflicht aus: Er verzichtet darauf, die Synchronisation der Willensbildungsprozesse mit Befehl und Zwang anzuordnen. Folglich wird auch ein Misslingen nicht etwa rechtlich sanktioniert. Vielmehr zieht ein Fehlgehen ausschließlich politische Konsequenzen nach sich – was sinnvoll auch gar nicht anders vorstellbar und für das deutsche Parteiensystem überdies weitaus wirkungsvoller als jede rechtliche Sanktion ist. Hier zeigt sich, dass das Grundgesetz zwar die erfolgreiche Mitwirkung der Parteien an der Synchronisation der Volks- und Staatswillensbildung erwartet und die Rückbindung der Staatswillensbildung an den Willen des Volkes als tatsächliche Voraussetzung für die Funktionsfähigkeit der parlamentarischen Demokratie betrachtet, dass es diese indes nicht als Verfassungspflicht ausgestaltet, sondern lediglich als Verfassungserwartung und als Verfassungsvoraussetzung in den Blick nimmt. Über weitere Vorkehrungen gegen eine Verselbständigung der staatlichen Organe verfügt es demgegenüber nicht.

3. Verbesserung der Synchronisation von Volks- und Staatswillensbildung durch Instrumente direkter Demokratie de constitutione ferenda?

Vor diesem Hintergrund stellt sich die Frage, wie die Synchronisation von Volks- und Staatswillensbildung verbessert und die repräsentative Ordnung des Grundgesetzes gestärkt werden kann. Hierbei kann es von vornherein nicht darum gehen, die durch Art. 38 Abs. 1 Satz 2 GG gesicherte Freiheit der Abgeordneten, Entscheidungen auch entgegen momentan bestehender politischer Stimmungen zu treffen, anzutasten; das gilt umso mehr, als hierin auch Gemeinwohlchancen liegen.[138] Ziel einer Verbesserung kann es daher nur sein, unter Achtung dieser Freiheit in stärkerem Maße als bislang einen Zustand zu erreichen, in dem sich das Volk bei Entscheidungen von außergewöhnlicher Tragweite mit der Art der parlamentarischen Problemlösung identifizieren kann, in dem also über eine bloß formale Repräsentation hinaus auch eine materielle, eine echte inhaltliche Repräsentation des Volkswillens erreicht wird.[139]

Das ist Anlass, über Wege zu einer verbesserten Synchronisation der Volks- und der Staatswillensbildung nachzudenken. Hier bieten sich unterschiedliche Möglichkeiten an, zu denen auch die behutsame Ergänzung des repräsentativen Systems um direktdemokratische Instrumente zählt. Ohne derartige Instrumente als „Allheilmittel" überzubewerten,[140] können diese in der Situation einer geschwächten Synchronisation von Volks- und Staatswillensbildung bei Entscheidungen von ebenso grundsätzlicher wie exzeptioneller Bedeutung eine Abhilfe bieten, weil ein plebiszitär dokumentierter Volkswille die Rückbindung der Willensbildung in den staatlichen Organen an den Willen des Volkes tendenziell erhöhen wird.[141]

Eine solche, auf eine Stärkung der repräsentativen Demokratie gerichtete Anreicherung des Grundgesetzes um punktuelle direktdemokratische Entscheidungsformen hat freilich den verfassungsrechtlichen Rahmen zu beachten, der für die Aufnahme hierfür erforderlicher Bestimmungen in das Grundgesetz besteht.[142] Dieser Rahmen resultiert namentlich aus der Ewigkeitsgarantie des Art. 79 Abs. 3 GG. Diese schützt die in Art. 20 GG niedergelegten, ihrerseits im Lichte einer Gesamtschau der identitätsprägenden Grundentscheidungen des Grundgesetzes zu konkretisierenden Grundsätze[143] und damit u. a. die verfassungsrechtliche Systementscheidung für eine repräsentative Demokratie und für deren Vorrang gegenüber Formen einer plebiszitären Demokratie.[144] Hieraus folgt, dass sich das Grundgesetz einer Im-

II. Die Mitwirkung der Parteien an der Willensbildung 31

plementierung direktdemokratischer Instrumente nur dort öffnet, wo diese den Vorrang der repräsentativen Demokratie unangetastet lassen sowie die repräsentative Ordnung stärken, dass es sich ihr hingegen verschließt, wo entsprechende Instrumente die Funktionsfähigkeit der repräsentativen Demokratie schwächen.[145] Demgemäß ist zwischen den Formen der repräsentativen und der direkten Demokratie ein Regel-Ausnahme-Verhältnis zu wahren.[146] Die gegen eine solche Sichtweise zum Teil ins Feld geführte Formulierung des Art. 20 Abs. 2 Satz 2 GG („Wahlen und Abstimmungen"), die die Grundentscheidung für die repräsentative Demokratie prima facie nicht zu erkennen gibt, steht dem bereits deshalb nicht entgegen, weil sie vor dem Hintergrund der skizzierten grundgesetzlichen Weichenstellung zu verstehen ist.[147] Im Ergebnis folgt die hier vertretene Position damit den zur Frage nach Zulässigkeit und Grenzen der direkten Demokratie unter dem Grundgesetz vorherrschenden Linien, wie sie in Rechtsprechung und Schrifttum entwickelt worden sind.[148]

Auch innerhalb des sich damit für eine behutsame Aufnahme plebiszitärer Instrumente öffnenden verfassungsrechtlichen Rahmens, der die Wahrung des Ausnahmecharakters von Plebisziten gebietet, bleibt Raum für unterschiedliche Erscheinungsformen direktdemokratischer Wirkmechanismen. Aus ihrem Kreis eignen sich vor allem jene Instrumente, die auf der einen Seite zu einer effizienten Rückbindung der Willensbildung der staatlichen Organe an den Willen des Volkes beitragen, also geeignet sind, der Gefahr einer Verselbständigung der staatlichen Organe von ihrem Auftraggeber auch effektiv entgegenzuwirken. Auf der anderen Seite empfehlen sich entsprechende Mechanismen umso eher, je mehr sie die Integrität der parlamentarischen Entscheidungsprozesse achten und umso weniger, je stärker sie in diese eingreifen oder diese ersetzen.

Legt man diese Maßstäbe an, rücken neben den in Deutschland vielfach diskutierten, klassischen Erscheinungsweisen der sog. Volksgesetzgebung[149] zwei alternative Formen direktdemokratischer Instrumente in den Blick: ein in seinem Anwendungsbereich auf Grundsatzfragen beschränktes, nachlaufendes obligatorisches Referendum einerseits und ein – seinerseits an anspruchsvolle Quoren gebundenes und dadurch faktisch auf Ausnahmefälle reduziertes – fakultatives gesetzesaufhebendes Referendum „von unten" andererseits.

Für das obligatorische Referendum ist charakteristisch, dass bei bestimmten, grundsätzlich bedeutsamen und verfassungsrechtlich im Einzelnen festzulegenden Entscheidungen – etwa über die Änderung der Verfassung oder über Verfügungen über das Staatsgebiet, das Staatsvolk oder die Staatsgewalt[150] – im Anschluss an die parlamentarische Erarbeitung einer Abstimmungsvorlage ein verpflichtendes Referendum durchzuführen ist. Seine Vorteile liegen zunächst darin, dass mit ihm innerhalb seines beschränkten Anwendungsbereiches eine synchronisationsstärkende Wirkung verbunden ist, hierbei aber aufgrund seiner verfassungsrechtlich verbindlich festgelegten Durchführung die Gefahr vermieden wird, dass parlamentarische Minderheiten die Verwerfung einer mehrheitlich im Parlament getroffenen Entscheidung durch das Volk bewirken können. Zudem ist es mit den Strukturen der repräsentativen Demokratie vereinbar.[151]

Auch ein nachlaufendes fakultatives gesetzesaufhebendes Referendum, das durch qualifizierte Quoren in seinem Anwendungsbereich faktisch eingeschränkt ist und für das die Initiative bei den Bürgern liegt (sog. fakultatives Referendum „von unten"), vermag die Synchronisation von Volks- und

Staatswillensbildung nachhaltig zu fördern. Seinen Grund hat dies in dem Umstand, dass es den parlamentarischen Gesetzgeber politisch dazu anhält, jene Gesetze, bei denen die Durchführung eines Referendums ausnahmsweise realistisch erscheint, möglichst referendumsfest zu konzipieren. Zudem wahrt ein solches Referendum die Integrität des parlamentarischen Gesetzgebungsverfahrens, da es erst auf einen abgeschlossenen parlamentarischen Entscheidungsprozess folgt. Seine eigentliche Bedeutung liegt weniger in seiner Anwendung im Einzelfall als vielmehr in seiner Vorwirkung auf den politischen Prozess, muss der Gesetzgeber bei gravierender Verfehlung des Volkswillens in Fragen von prinzipieller Tragweite doch ein korrigierendes Eingreifen des Volkes fürchten.[152] Der Gefahr einer vorwiegend auf Negation und Verwerfung abzielenden Instrumentalisierung durch Minderheiten kann hierbei durch anspruchsvolle Quoren begegnet werden, dem Risiko des verzögerten Inkrafttretens entsprechender Gesetze trotz Dringlichkeit durch eine Befristung der Referendumsoption, etwa auf eine 100-Tage-Frist nach Parlamentsbeschluss.

III. Der Wandel des Parteiensystems und die verfassungsrechtlich gewährleistete Freiheit politischer Parteien

Bedeutsam ist der Wandel des Parteiensystems nicht nur für den Parteibegriff und die den Parteien aufgetragene Mitwirkung an der politischen Willensbildung. Vielmehr aktualisiert er auch die durch Art. 21 Abs. 1 Satz 2 GG verbürgte Freiheit der Gründung und der Betätigung politischer Parteien.[153] Überdies bewirkt er einen Bedeutungszuwachs der 5%-Klausel.

1. Neue Aktualität der Gründungs- und Betätigungsfreiheit politischer Parteien

Offenkundig sind zunächst die Implikationen für die Gründungsfreiheit der Parteien, die in der sechsten Entwicklungsphase des Parteiensystems besonders vielfältig in Anspruch genommen wird.[154] Gerade die für diese Phase charakteristische Gründungswelle unterstreicht die Ventilfunktion des Art. 21 Abs. 1 Satz 2 GG, in deren Konsequenz es möglich ist, einer Unzufriedenheit mit dem etablierten Parteiensystem oder einer als unzureichend wahrgenommenen Synchronisation von Volks- und Staatswillensbildung durch die Neugründung politischer Parteien entgegenzuwirken. Das beugt nicht nur der Versteinerung, sondern auch einer sonst unter Umständen drohenden Akzeptanzkrise des Parteienwesens oder gar der repräsentativen Demokratie als solcher vor. Aufgrund des Umstands, dass Art. 21 Abs. 1 Satz 2 GG seinen Schutz zudem auf die freie Betätigung politischer Parteien und damit u. a. auch auf deren freie programmatische Ausrichtung erstreckt,[155] ermöglicht er ferner, dass in das Parteiensystem neue Themensetzungen und -schwerpunkte sowie neue politische Lösungskonzepte eingeführt werden, sofern dafür ein Bedürfnis gesehen wird. Gleiches gilt in personeller Hinsicht, da die Parteienfreiheit auch die Auswahl des Führungspersonals einer Partei und die Aufstellung von Wahlbewerbern umfasst und damit die Gelegenheit zur personellen Alternativenbildung eröffnet.[156]

Begrenzt wird die so verstandene Parteienfreiheit auf der Ebene der Verfassung durch Art. 21 Abs. 1 Satz 3 GG. Hiernach muss die innere Ordnung der Parteien demokratischen Grundsätzen entsprechen. Dies gilt nicht nur für traditionell im Parteiensystem verankerte, sondern auch für neu gegründete Parteien – und reflektiert, dass auch neu in den politischen Wettbewerb eintretende Parteien die ihnen übertragene Aufgabe, an der politischen Willensbildung des Volkes mitzuwirken, nur erfüllen können, wenn ihre interne Willensbildung demokratischen Prinzipien gehorcht. Das setzt insbesondere voraus, dass die Festlegung der programmatischen Ausrichtung einer Partei und die Wahl ihres Führungspersonals unter Beachtung des Mehrheitsprinzips erfolgt. Einfach-gesetzlich wird dies durch §§ 6 ff. PartG gesichert.

2. Der Bedeutungszuwachs der 5%-Klausel als Folge der Diversifizierung des Parteienwesens

Obgleich die hohe Anzahl von Neugründungen in der sechsten Entwicklungsphase des deutschen Parteiensystems zu einer weiteren Ausdifferenzierung der Parteienlandschaft geführt hat, rechtfertigt diese Entwicklung als solche eine Einschränkung der von Art. 21 Abs. 1 Satz 2 GG gewährleisteten Parteienfreiheit – insbesondere in ihrer Dimension als Gründungsfreiheit – nicht: Außerhalb der Parlamente ist auch eine wachsende, unter Umständen gar extreme Parteienvielfalt von Verfassungs wegen hinzunehmen. Anders sieht dies im Falle einer Parteienzersplitterung in den Parlamenten aus. Ihr entgegenzuwirken ist Sinn der 5%-Klausel, die für die Wahlen zum Deutschen Bundestag in § 4 Abs. 2 Satz 2 Nr. 2 BWahlG loziert ist. Hiernach werden Parteien, die weniger als 5% der im Wahlgebiet abgegebenen gültigen Zweitstimmen erhalten, bei der Sitzzuteilung nicht berücksichtigt – mit der Folge, dass Stimmen, die auf derartige Parteien entfallen, „verloren" gehen.

Bedeutsam ist nun, dass in einem pluralisierten und stark diversifizierten Parteienwesen die Zahl der nicht verwertbaren Zweitstimmen, die wegen der 5%-Klausel letztlich keine Abbildung im Parlament erfahren, tendenziell ansteigt.[157] Das hat sich zuletzt, wie oben dargestellt, in der Bundestagswahl des Jahres 2021 gezeigt, in der 8,6 % der Zweitstimmen zwar gezählt worden sind, sich aber im Ergebnis nicht auf die Sitzzuteilung im Parlament ausgewirkt haben; ohne die seinerzeitige Grundmandatsklausel wären bei dieser Wahl 13,5 % der Zweitstimmen unberücksichtigt geblieben.[158] Bei der Bundestagswahl 2013 blieben sogar 15,7 % der Zweitstimmen unverwertet.[159] Im Lichte der aktuellen Gründungswelle politischer Parteien könnte dieser Anteil auch in näherer Zukunft vergleichbare Höhen erreichen. Wie gravierend insofern der Unterschied zu den Verhältnissen vergangener Jahrzehnte ist, zeigt der Umstand, dass der Anteil erfolgswertloser Zweitstimmen bei den Bundestagswahlen zwischen 1953 und 2009 durchschnittlich bei ca. 4 % lag.[160]

3. Grundsätzliche verfassungsrechtliche Rechtfertigung der 5 %-Klausel auch unter den Bedingungen der Gegenwart

Auch wenn angesichts dessen die Zahl nicht verwerteter Zweitstimmen als Folge des Wandels des Parteiensystems tendenziell zunimmt, ändert dies nichts an der grundsätzlichen verfassungsrechtlichen Rechtfertigung der 5 %-Klausel. Das Bundesverfassungsgericht begründet sie in ständiger Rechtsprechung zu Recht mit dem Schutz der Arbeits- und Funktionsfähigkeit des Bundestages.[161] Diesem Schutz dient die Sperrklausel dadurch, dass sie eine Zersplitterung des Parlaments in zahlreiche kleine Gruppen verhindert und eine Organisation des Bundestages ermöglicht, die eine arbeitsteilige Aufgabenerfüllung und eine nach der Parteizugehörigkeit strukturierte Willensbildung gewährleistet.[162] Ihre prinzipielle Rechtfertigung besteht auch nach der 2023 erfolgten Einführung des Zweitstimmendeckungsverfahrens fort[163] und ist, wie das Bundesverfassungsgericht in seinem Urteil zur Wahlrechtsreform von 2023 ausdrücklich hervorgehoben hat, „grundsätzlich unabhängig davon, wie viele Zweitstimmen aufgrund der Sperrklausel bei der Sitzverteilung insgesamt unberücksichtigt bleiben".[164] Diese Feststellung erscheint umso berechtigter, als der tendenzielle Anstieg nicht verwertbarer Zweitstimmen belegt, dass die 5%-Hürde für die Verhinderung einer Parteienzersplitterung im Parlament und einer hieraus resultierenden Bedrohung der Handlungs- und Entscheidungsfähigkeit des Bundestages in der sechsten Entwicklungsphase des deutschen Parteiensystems relevanter ist denn je.

Vor diesem Hintergrund führen die tatsächlichen Veränderungen im Parteiensystem und ihre Folgen zu keiner neuen verfassungsrechtlichen Beurteilung der 5%-Klausel. Das hat auch das Bundesverfassungsgericht in seinem Urteil vom 30. Juli 2024 ausdrücklich festgestellt.[165] In ihm ist es zwar zu dem Ergebnis gelangt, dass unter den gegenwärtigen tatsächlichen und rechtlichen Rahmenbedingungen die Ausgestaltung der Sperrklausel in § 4 Abs. 2 Satz 2 Nr. 2 BWahlG nicht in vollem Umfang erforderlich und insofern eine gesetzliche Neuregelung notwendig ist; zugleich hat es jedoch deutlich gemacht, dass dies lediglich für den Ausnahmefall gilt, in dem das Wirken zweier Parteien auf eine dauerhafte Kooperation – namentlich auf die erneute Bildung einer bereits in der Vergangenheit bestehenden gemeinsamen Fraktion im Bundestag und den Verzicht auf Wettbewerb untereinander – angelegt ist.[166] Das trifft in der politischen Praxis nur auf CDU und CSU zu.[167] In einem solchen Fall kann das Ziel der Sperrklausel in der Tat auch dadurch erreicht werden, dass bei ihrer Anwendung die Zweitstimmenergebnisse der miteinander kooperierenden Parteien gemeinsam berücksichtigt werden; ggf. kann die 5%-Klausel auch selbst verändert oder durch eine Wahlkreisklausel abgemildert werden.[168] Im Übrigen indes ist die Sperrklausel auch in ihrer durch § 4 Abs. 2 Satz 2 Nr. 2 BWahlG vorgegebenen Höhe von 5 % der Zweitstimmen bundesverfassungsgerichtlich ausdrücklich als verfassungskonform erachtet und durch das jüngste Urteil erneut bestätigt worden.[169]

4. Reduktion des auf der 5 %-Klausel lastenden rechtspolitischen Rechtfertigungsdrucks de lege ferenda – Zur Einführung einer Nebenstimme

Obgleich die 5 %-Hürde demgemäß auch in der sechsten Entwicklungsphase des deutschen Parteiensystems verfassungsrechtlich unverändert zu rechtfertigen ist – und in dieser bedeutsamer denn je erscheint –, dürfte mit einem erhöhten Anteil an Zweitstimmen, die in der Folge der 5 %-Klausel unberücksichtigt bleiben, doch ein erhöhter politischer Rechtfertigungsdruck auf § 4 Abs. 2 Satz 2 Nr. 2 BWahlG einhergehen. Das lässt es rechtspolitisch angeraten erscheinen, die mit der 5 %-Hürde verbundene Eingriffsintensität bei der anstehenden gesetzlichen Neuregelung zu verringern, ohne ihre funktionssichernde Wirkung für das Parlament infrage zu stellen.[170] Angesichts dessen empfiehlt sich die Einführung einer – im Schrifttum teils auch als Eventual-, Hilfs-, Subsidiär- oder Alternativstimme bezeichneten[171] – Nebenstimme, die jedem Wähler zusteht und auch gezählt wird, aber nur dann zum Zuge kommt, wenn die mit der Hauptstimme gewählte Partei an der 5 %-Klausel scheitert. Einer solchen Nebenstimme kommt ein Erfolgswert mithin lediglich dann zu, wenn der Erfolgswert der Hauptstimme infolge des Scheiterns der mit dieser Stimme gewählten Partei an der 5 %-Hürde auf Null reduziert ist. Dieser Wirkmechanismus zeigt an, dass eine Nebenstimme bei Lichte besehen nichts anderes als eine Kompensation für den Fall darstellt, dass der Erfolgswert der Hauptstimme infolge der Sperrklausel aufgehoben ist. Demzufolge verhält es sich sub specie der Wahlrechtsgleichheit bei einer solchen Nebenstimme genau umgekehrt zur Hauptstimme: Kommt dieser ein gleicher Erfolgswert zu, weil die mit der Hauptstimme gewählte Partei die 5 %-Klausel überwindet, reduziert sich der Erfolgswert der Nebenstimme auf Null; fehlt der Hauptstimme hingegen wegen Scheiterns der gewählten Partei an der 5 %-Klausel der Erfolgswert, füllt der Erfolgswert der Nebenstimme diese Lücke.[172] Vor diesem Hintergrund ist eine Nebenstimme in der Lage, das Gewicht des mit einer Sperrklausel verbundenen Eingriffs in die Erfolgswertgleichheit erheblich zu reduzieren. Das spricht umso mehr für ihre Einführung, als die hiergegen teilweise vorgebrachten Bedenken unter dem Aspekt der Unmittelbarkeit der Wahl nicht durchgreifen und eine durch sie bewirkte Verkomplizierung des Wahlvorgangs im Wesentlichen durch Vorkehrungen bei der Auszählung vermieden werden kann.[173]

IV. Der Wandel des Parteiensystems und die verfassungsrechtlich gewährleistete (Chancen-)Gleichheit politischer Parteien

Geradezu notwendigerweise aktualisiert der Wandel des Parteiensystems ferner die den Parteien verfassungsrechtlich gewährleistete Chancengleichheit. Das gilt auch für die Gleichbehandlung von Parlamentsfraktionen, die seit Jahren ebenso kontrovers wie öffentlichkeitswirksam diskutiert wird.

1. Aktualisierung des Rechts auf Chancengleichheit durch ein pluralisiertes, diversifiziertes und polarisiertes Parteiensystem

Der Anspruch der Parteien auf Chancengleichheit ergibt sich bekanntlich nicht unmittelbar aus dem Wortlaut des Grundgesetzes, sondern ist diesem durch Auslegung zu entnehmen. Als Begründungsansätze dienen dem Bundesverfassungsgericht – alternativ – zunächst die Gründungsfreiheit des Art. 21 Abs. 1 Satz 2 GG und das daraus folgende Mehrparteiensystem,[174] sodann der Grundsatz der Gleichheit der Wahl i. S. d. Art. 38 Abs. 1 Satz 1 GG,[175] außerdem eine Verbindung von Art. 21 Abs. 1 GG mit dem allgemeinen Gleichheitssatz des Art. 3 Abs. 1 GG[176] und schließlich – dogmatisch vorzugswürdig – Art. 21 Abs. 1 GG alleine.[177] Die so verbürgte Chancengleichheit der Parteien gilt nicht nur für das Wahlverfahren selbst, sondern als Grundsatz gleicher Wettbewerbschancen[178] auch in dessen Vorfeld – namentlich im Kampf um Wählerstimmen – sowie schließlich für die gesamte Betätigung politischer Parteien.[179] Während sie den Staat mit Blick auf das Wahlverfahren verpflichtet, die Parteien in einem streng formalen Sinne gleich zu behandeln, gestattet sie mit Blick auf die übrigen Betätigungen politischer Parteien eine Differenzierung nach deren unterschiedlicher politischer Bedeutung (Grundsatz der abgestuften Chancengleichheit).[180] Eine äußerste Grenze findet die Zulässigkeit dieser Differenzierung dort, wo sie dazu führen würde, eine Partei zur Gänze von einer staatlichen Leistung auszuschließen oder im politischen Wettbewerb derart zu benachteiligen, dass ein freier Parteienwettbewerb fraglich würde.[181] Dem entspricht auf einfach-gesetzlicher Ebene § 5 Abs. 1 PartG. Dieser verpflichtet die Träger öffentlicher Gewalt in seinem Satz 1, alle Parteien bei der Zur-Verfügung-Stellung öffentlicher Einrichtungen oder bei der Gewährung anderer öffentlicher Leistungen gleich zu behandeln, eröffnet indes in seinen Sätzen 2 bis 4 die Möglichkeit zu einer Differenzierung „nach der Bedeutung der Parteien".

Das so konturierte, den politischen Parteien ebenso verfassungsrechtlich wie einfachgesetzlich verbürgte Recht auf Chancengleichheit gilt für alle Parteien und Parteitypen, mögen diese auch politikwissenschaftlich unterscheidbar sein. Es gilt daher insbesondere ebenso für Volks- wie Splitterparteien, für Mitglieder- wie professionalisierte Wählerparteien, ebenso aber auch für etablierte wie neu gegründete Parteien und für traditionsreiche Parteien nicht anders als für Anti-Establishment-Parteien. Es dürfte auf der Hand liegen, dass seine Aktualisierung in einem Parteiensystem, das sich nicht nur durch Pluralisierung und Diversifizierung, sondern auch durch Polarisierung auszeichnet, besonderen Herausforderungen gegenübersteht. In dieser Situation gilt es, die abgestufte Chancengleichheit allen Widerständen zum Trotz nüchtern und unparteiisch durchzusetzen: bei der Zur-Verfügung-Stellung öffentlicher Gebäude für Parteiversammlungen, bei der Parteienfinanzierung, bei der Gewährung unentgeltlicher Sendezeit für Wahlwerbung (Wahlwerbespots) und bei der Wahlkampfberichterstattung der öffentlich-rechtlichen Rundfunkanstalten.[182] Das hat zuletzt die verwaltungsgerichtliche Auseinandersetzung um die Teilnahme des „Bündnisses Sahra Wagenknecht" an einer Wahlsendung zur Europawahl 2024 verdeutlicht.[183]

2. Exkurs: Der Grundsatz der Gleichbehandlung der Fraktionen und seine bundesverfassungsgerichtliche Durchsetzbarkeit

Als besonders entzündlich erweist sich in einem polarisierten Parteiensystem wie dem der sechsten Entwicklungsphase die Gleichbehandlung der Fraktionen im Deutschen Bundestag. Nun stellen Fraktionen zwar die Fortsetzung politischer Parteien im Parlament dar, statusrechtlich indes könnte ihr Unterschied zu den Parteien kaum größer sein: während politische Parteien der gesellschaftlichen Sphäre zuzuordnen sind, sind Fraktionen Teilorgane von Parlamenten und damit in die staatsorganschaftliche Willensbildung integriert.[184] Treffend hat das Bundesverfassungsgericht formuliert, dass sie, anders als Parteien, „der organisierten Staatlichkeit eingefügt [sind]".[185] Trotz dieses fundamentalen Unterschieds stellen sich Fragen der Gleichbehandlung auch im Falle der Fraktionen, weil diese als Zusammenschlüsse von Abgeordneten alle Rechte haben, über die auch die einzelnen Abgeordneten verfügen, die ihrerseits formal strikt gleich zu behandeln sind.[186] Dementsprechend steht den Fraktionen ein aus Art. 38 Abs. 1 GG abgeleitetes Recht auf gleiche Teilhabe an der parlamentarischen Willensbildung zu; es gilt der „Grundsatz der Gleichbehandlung der Fraktionen".[187] Dieses Recht betrifft sämtliche Gegenstände der parlamentarischen Willensbildung und damit auch Entscheidungen über die innere Organisation und die Arbeitsabläufe des Deutschen Bundestages; das gilt auch für die Festlegung und Besetzung von Untergliederungen sowie Leitungsämtern und dem Grundsatz nach auch für den Zugang zum Präsidium des Deutschen Bundestages.[188]

Die auf Art. 40 Abs. 1 Satz 2 GG beruhende Geschäftsordnung des Deutschen Bundestages konkretisiert diesen

IV. Die (Chancen-)Gleichheit politischer Parteien 43

Grundsatz im Ausgangspunkt ähnlich wie § 5 Abs. 1 PartG. Sie folgt hierbei dem Prinzip abgestufter Gleichheit und orientiert sich hierzu gem. §§ 11 und 12 GOBT an der mess- und damit objektivierbaren Stärke der Fraktionen. Von diesem Grundsatz weicht sie allerdings in § 2 Abs. 1 Satz 2 GOBT, der bestimmt, dass jede Fraktion des Deutschen Bundestages „durch mindestens einen Vizepräsidenten oder eine Vizepräsidentin im Präsidium vertreten [ist]", ab.[189] Sie macht sich stattdessen den Gedanken zu eigen, dass im Bundestagspräsidium, das gem. § 5 GOBT aus dem Präsidenten und den stellvertretenden Präsidenten besteht, alle Fraktionen repräsentiert sein sollen.[190] Dies ist angesichts des weiten Gestaltungsspielraums des Geschäftsordnungsgebers – in dessen Konsequenz die Wahl der Vizepräsidenten, ebenso wie dies gem. § 2 Abs. 1 Satz 1 i. V. m. Abs. 2 GOBT bei der Wahl des Präsidenten der Fall ist, alternativ auch der freien Entscheidung des Bundestages überlassen werden könnte – zwar grundsätzlich nicht geboten, verfassungsrechtlich aber unbedenklich.[191]

Die im 19. Deutschen Bundestag wiederholt gescheiterte Wahl eines Kandidaten der AfD-Fraktion für das Amt des stellvertretenden Parlamentspräsidenten hat nun die Frage virulent werden lassen, ob und wie der Regelung des § 2 Abs. 1 Satz 2 GOBT in einem polarisierten Parlament Rechnung getragen werden kann. Das Bundesverfassungsgericht geht in seiner diesbezüglichen Entscheidung vom 22. März 2022 davon aus, dass das Recht auf Gleichbehandlung durch die in Art. 40 Abs. 1 Satz 1 GG vorgesehene Wahl der Stellvertreter des Bundestagspräsidenten auf der einen Seite und das freie Mandat der Abgeordneten aus Art. 38 Abs. 1 Satz 2 GG auf der anderen Seite begrenzt werde.[192] Daher stehe das Recht zur gleichberechtigten Berücksichtigung einer Fraktion bei der Besetzung des Präsidiums unter dem Vorbehalt der Wahl durch die Abgeordneten und könne nur verwirklicht werden, wenn die von dieser Fraktion vorgeschlagenen Kandidaten die erforderliche Mehrheit erreichten.[193] Der Wahlakt unterliege grundsätzlich keiner über Verfahrensfehler hinausgehenden gerichtlichen Kontrolle, weswegen sein Ergebnis auch keiner Begründung oder Rechtfertigung bedürfe.[194] Im Übrigen sei nicht ersichtlich, welche verfahrensmäßigen Vorkehrungen geeignet sein sollten, um sicherzustellen, dass die Ablehnung eines Kandidaten nicht aus sachwidrigen Gründen erfolge, ohne dadurch zugleich in die Wahlfreiheit der Abgeordneten einzugreifen.[195] Mit diesen verfassungsrechtlichen Vorgaben stehe das Geschäftsordnungsrecht des Deutschen Bundestages im Einklang.[196] Namentlich § 2 Abs. 1 Satz 2 GOBT gehe über ein Vorschlagsrecht für die Wahl sowie die Durchführung einer ordnungsgemäßen Wahl nicht hinaus:[197] Das durch § 2 Abs. 1 Satz 2 GOBT gesicherte Grundmandat sei deshalb „nicht als unbedingter, von der Wahl losgelöster Anspruch jeder Fraktion auf Stellung eines Vizepräsidenten ausgestaltet, sondern [nur] als Recht, einen Abgeordneten zur Wahl zu stellen."[198]

Diese Auslegung von § 2 Abs. 1 Satz 2 GOBT als Vorschlagsrecht ist allerdings mit dessen Wortlaut, der ausdrücklich jeder Fraktion des Deutschen Bundestages mindestens einen Vizepräsidenten im Präsidium zuspricht, schwerlich zu vereinbaren. Das gilt erst recht, wenn der Umstand in den Blick genommen wird, dass den Fraktionen ein bloßes Vorschlagsrecht bereits vor der 1994 erfolgten Einfügung von Satz 2 in § 2 Abs. 1 GOBT zustand und daher mit der seinerzeit vorgenommenen Ergänzung der GOBT gerade intendiert wurde, jeder Fraktion einen Anspruch auf mindestens einen Vizepräsidenten einzuräumen.[199] Zwar wird die Realisierung dieses Anspruchs in der Tat, wie das Bundesverfassungsgericht zu Recht hervorhebt, von Art. 40 Abs. 1 Satz 1

IV. Die (Chancen-)Gleichheit politischer Parteien 45

GG einer Wahl überantwortet, bei der es keinen Anspruch auf ein bestimmtes Wahlergebnis geben kann.[200] § 2 Abs. 1 Satz 2 GOBT schränkt jedoch die Wahlfreiheit der Abgeordneten dadurch ein, dass er die kategorische Ablehnung von Kandidaten alleine aufgrund deren bloßer Zugehörigkeit zu einer bestimmten Fraktion – und damit unabhängig von deren Eignung im Einzelfall – ausschließt. Das bedeutet keinesfalls, dass bereits jede wiederholte Nichtwahl des von einer Fraktion vorgeschlagenen Vizepräsidentenkandidaten gegen § 2 Abs. 1 Satz 2 GOBT verstößt; die Ablehnung eines Kandidaten kann ohne Weiteres auf dessen fehlender politischen, fachlichen oder charakterlichen Eignung gründen. Nicht mit § 2 Abs. 1 Satz 2 GOBT vereinbar ist es jedoch, die Wahl eines Vizepräsidentenkandidaten kategorisch und alleine unter Rekurs auf dessen bloße Fraktionszugehörigkeit zu verweigern.[201]

Verfassungsrechtliches Gewicht erhält die in einer kategorischen Nichtwahl liegende Missachtung der Geschäftsordnung dadurch, dass sie zugleich gegen den verfassungsrechtlichen Grundsatz der Gleichbehandlung der Fraktionen verstößt.[202] Dieser verbürgt jeder Fraktion von Verfassungs wegen, dass ihr Kandidat für das Vizepräsidentenamt von den Abgeordneten unter den gleichen Bedingungen gewählt wird wie die Kandidaten der übrigen Fraktionen auch. Die Ausübung des Wahlrechts ist daher an diesen Grundsatz der Gleichbehandlung gebunden.[203] Wird dem nicht entsprochen, wird die betroffene Fraktion im Vergleich zu anderen Fraktionen ungleich behandelt und in ihrem Recht auf Gleichbehandlung verletzt.[204] Im vorliegenden Kontext bedeutet dies, dass bei der Wahl der Vizepräsidentenkandidaten aller Fraktionen die konkreten Eigenschaften der jeweiligen Kandidaten gewürdigt werden können, dass aufgrund dessen ohne Weiteres – wie in der Vergangenheit durchaus geschehen[205] – auch eine (ggf. wiederholte) Nichtwahl gerechtfertigt werden kann, dass aber die bloße Fraktionszugehörigkeit für eine Wahlverweigerung nicht ausreicht. Das entspricht der landesverfassungsgerichtlich vorgezeichneten Linie, dass von Fraktionen vorgeschlagene Abgeordnete im Lichte der Gleichheit der Fraktionen nur aus Gründen abgelehnt werden dürfe, die maßgeblich für die Einräumung des Wahlrechts sind.[206]

Demzufolge verletzt eine kategorische, vom einzelnen Kandidaten abgelöste Wahlverweigerung nicht nur § 2 Abs. 1 Satz 2 GOBT, sondern auch den Grundsatz der Fraktionsgleichheit, der nicht nur ein objektiv-rechtliches Prinzip, sondern auch ein grundgesetzlich gewährleistetes Recht der einzelnen Fraktionen darstellt, das prozessual geltend gemacht werden kann. Das Bundesverfassungsgericht kann die Verletzung dieses Rechts im Rahmen eines Organstreitverfahrens gem. § 67 Satz 1 BVerfGG feststellen sowie ggf. gem. § 35 BVerfGG eine erneute Beschlussfassung des Bundestages unter Berücksichtigung der Rechtsauffassung des Gerichts – nicht allerdings die Wahl des nächsten von der betreffenden Fraktion vorgeschlagenen Kandidaten – anordnen.[207] Auch kann es – ähnlich wie der Sächsische Verfassungsgerichtshof für den Sächsischen Landtag[208] – aussprechen, dass der Bundestag erforderlichenfalls durch geeignete verfahrensmäßige Vorkehrungen, etwa im Rahmen eines formellen oder informellen Verständigungsverfahrens, sicherstellen muss, dass das Recht auf Fraktionsgleichheit nicht durch ein von sachwidrigen Gründen bestimmtes Verhalten einer oder mehrerer Fraktionen oder einer Mehrheit von Abgeordneten beeinträchtigt wird.[209]

V. Der Wandel des Parteiensystems und die staatliche Parteienfinanzierung

Geradezu unausweichlich wirkt sich der Wandel des Parteiensystems weiterhin auch auf die staatliche Parteienfinanzierung aus, und dies nicht etwa nur unter dem Aspekt, dass die verfassungsrechtlich verbürgte Gleichheit politischer Parteien eine grundsätzliche Einbeziehung auch neu gegründeter Parteien in das – seit 2017 um eine Ausschlussmöglichkeit ergänzte – System der staatlichen Parteienfinanzierung verlangt.[210]

1. Anfragen an die staatliche Parteienfinanzierung

Allerdings bildet der Wandel des Parteiensystems entgegen einer verschiedentlich vertretenen Ansicht[211] keinen Grund, das derzeitige Recht der Parteienfinanzierung, das in §§ 18 ff. PartG normiert ist, grundsätzlich in Frage zu stellen. Das gilt namentlich für die relative und die absolute Obergrenze bei der unmittelbaren Parteienfinanzierung, die das Bundesverfassungsgericht in seinem 2. Parteienfinanzierungsurteil von 1992 aus dem Leitbild staatsfreier Parteien entwickelt[212] und in seinem Urteil zur Frage einer zulässigen Anhebung der absoluten Obergrenze von 2023 bekräftigt hat.[213]

Eine solche prinzipielle Infragestellung ist insbesondere auch nicht etwa durch den teilweise konstatierten partiellen Wandel von Mitglieder- zu „professionalisierten Wählerparteien" veranlasst. Zwar wird geltend gemacht, dass sich die gegenwärtige Parteienfinanzierung aufgrund dieses Wandels an einem Leitbild orientiere, das der Realität zunehmend weniger entspräche; auch wird daraus die Forderung abgeleitet, dass sich die Parteienfinanzierung künftig stärker oder nur noch am Wahlerfolg einer Partei orientieren solle.[214] Das indes vermag zumindest in dieser Pauschalität nicht zu überzeugen, und zwar bereits deshalb nicht, weil die Entwicklung zu professionalisierten Wählerparteien zwar einen Trend beschreiben mag, der auf die traditionellen Volksparteien zutrifft, nicht aber die Realität des deutschen Parteienwesens insgesamt erfasst. Insbesondere spiegelt sie nicht die Wirklichkeit neu gegründeter oder jüngerer Parteien wider. So sind in den letzten anderthalb Jahrzehnten knapp 200.000 Menschen in Deutschland den oben namentlich erwähnten Parteien jüngeren Gründungsdatums beigetreten.[215] Ebenso hat etwa die Partei „Bündnis90/Die Grünen" zwischen 1990 und 2022 die Zahl ihrer Mitglieder von rund 41.000 auf mehr als 125.000 Mitglieder steigern können.[216] Sämtliche dieser Parteien sind demzufolge durchaus auch und nach wie vor herkömmliche Mitgliederparteien. Selbst bei den traditionellen Volksparteien wird man einwenden müssen, dass ihr Mitgliederrückgang zumindest zum Teil Konsequenz ihres politischen Bedeutungsverlustes ist, wie er sich nicht zuletzt auch in den Wahlergebnissen niederschlägt. Gewiss verfügte etwa die SPD 1990 über 943.200 Mitglieder[217] gegenüber knapp 365.00 Mitgliedern Ende 2023,[218] aber bei den Bundestagswahlen 1980 erzielte sie eben auch ein Wahlergebnis von 42,9 % der Zweitstimmen,[219] während sie in den Umfragen des 1. Quartals 2024 bei ca. 16 % steht.[220] Angesichts dessen ist das Narrativ der vorgeblich insgesamt zu konstatierenden Entwicklung von Mitglieder- zu Wählerparteien in seiner Pauschalität kritisch zu hinterfragen; die Wirklichkeit des deutschen Parteienwesens stellt sich insofern doch differenzierter dar. Vor diesem Hintergrund bildet der Wandel des Parteiensystems keinen Grund für eine prinzipielle Abkehr vom Leitbild der Mitgliederpartei, die in der Folge zu einer grundsätzlichen Infragestellung des gegenwärtigen Systems der staatlichen Parteienfinanzierung zwingen oder Anlass zu

V. Die staatliche Parteienfinanzierung

einer grundlegenden Korrektur geben würde. Hinzu kommt, dass Verteilungsmaßstab für die derzeitige staatliche Parteienfinanzierung gem. § 18 Abs. 1 Satz 2 PartG nicht nur die Summe der an eine Partei geleisteten Mitglieds- und Mandatsträgerbeiträge sowie der von ihr eingeworbenen Spenden – der sog. Zuwendungsanteil – ist,[221] sondern auch der Wahlerfolg – der sog. Wählerstimmenanteil –, mithin der Anteil der für die jeweilige Partei abgegebenen Stimmen.[222] So betrachtet, weist bereits die gegenwärtige Parteienfinanzierung eine nicht unerhebliche Flexibilität auf, die es durchaus gestattet, in gewissem Umfang auch jenen Unterschieden zu entsprechen, die aus den verschiedenen Parteitypen resultieren mögen. Schließlich ist nicht zu erkennen, dass die Funktionsfähigkeit des Parteiensystems gegenwärtig dadurch bedroht würde, dass die Parteien nicht mehr in der Lage wären, ausreichend Eigenmittel zu akquirieren.[223]

Eine ganz andere Frage ist freilich, ob die heutige staatliche Parteienfinanzierung bis hinein in ihre Einzelheiten grundgesetzlich geboten ist. Hieran wird man durchaus Zweifel haben dürfen. Dem korrespondiert, dass hinter jenen Bedenken, die im jüngeren Schrifttum gegen das staatliche System der Parteienfinanzierung erhoben werden, in letzter Konsequenz kritische Anfragen an die bundesverfassungsgerichtliche Prägung der Parteienfinanzierung stehen. Diese sind nicht nur eng verbunden mit einer Kritik an dem wiederholten Richtungswechsel der bundesverfassungsgerichtlichen Judikatur, deren bedeutsamste Stationen das 1. Parteispenden-Urteil von 1958, das die Zulässigkeit einer staatlichen Parteienfinanzierung im Grundsatz bejahte,[224] das 1. Parteienfinanzierungsurteil von 1966, das sie mit Ausnahme einer angemessenen Wahlkampfkostenerstattung verneinte,[225] das 2. Parteienfinanzierungsurteil von 1992, das sie wiederum gestattet, aber – wie bereits skizziert – auf eine staatliche Teilfinanzierung beschränkt[226] und das Urteil zur Frage einer zulässigen Anhebung der absoluten Obergrenze von 2023, das die Rechtsprechung von 1992 entschlossen gegen Kritik verteidigt,[227] bilden.[228] Vielmehr artikulieren sie zugleich auch ein verfassungsdogmatisches Unbehagen an der bundesverfassungsgerichtlich bewirkten verfassungstheoretischen Aufladung – teilweise ist die Rede von einer Über- oder Hyperkonstitutionalisierung von Art. 21 GG –, die als Folge davon wahrgenommen wird, dass das Gericht weniger auf eine textnahe Interpretation der Norm abstellt, sondern mehr auf das verfassungsrechtliche Leitbild einer staatsfreien Partei[229] rekurriert.[230] Dieser Kritik wird man sich zur Gänze nicht entziehen können. Freilich ist sie jedenfalls in zweifacher Hinsicht zu relativieren. So ist die bundesverfassungsgerichtliche Judikatur einerseits Reflex des Umstands, dass das Grundgesetz die Parteienfinanzierung, von der Rechenschaftspflicht des Art. 21 Abs. 1 Satz 4 GG abgesehen, nicht explizit regelt;[231] andererseits erklärt sie sich mitsamt der Präzision ihrer Vorgaben aus der Aufgabe einer erhöhten gerichtlichen Kontrolle des Parlaments, das aus Abgeordneten besteht, die ihrerseits in den politischen Parteien verwurzelt sind und daher bei der einfach-gesetzlichen Ausformung der Parteienfinanzierung in der Gefahr interessengeleiteter Entscheidungen stehen.[232]

Auch wer hieran aus verfassungsrechtlicher Perspektive Zweifel hegt, wird sich aus verfassungspolitischer Sicht einer Einsicht kaum verschließen können: dass das Leitbild einer staatsfreien Partei, die aus ihrer gesellschaftlichen Verwurzelung heraus lebt, denkbar großen Charme hat, weil es die Parteien als Instrumente bürgerschaftlicher und gesellschaftlicher Teilhabe ausweist, also als Vereinigungen, in denen sich Bürger organisieren, um auf die politische Willensbildung des Volkes Einfluss zu nehmen. In einer Entwicklungsphase des Parteiensystems, in dem sich dieses vielfältig mit den Ursachen wie auch mit den Folgen einer unzureichenden Synchronisation der Volks- und Staatswillensbildung auseinanderzusetzen hat, erschiene es geradezu paradox, zukünftig erkennbar weniger Wert auf die gesellschaftliche Verankerung politischer Parteien zu legen und dies in einer entsprechenden Änderung der geltenden Parteienfinanzierung zum Ausdruck zu bringen. Daher würde eine solche Reform falsche finanzielle Anreize setzen, kontraproduktiv wirken und Abgehobenheitstendenzen der politischen Parteien verstärken.

Ebenfalls wenig empfehlenswert erscheint es, die staatlichen Finanzleistungen an die Parteien, Fraktionen und parteinahen Stiftungen zwecks einer Transparenzsteigerung in einem einheitlichen Recht der Parteienfinanzierung zusammenzufassen.[233] Zwar lässt sich die Gefahr einer faktischen Umgehung der engen bundesverfassungsgerichtlichen Grenzen für die staatliche Parteienfinanzierung durch ein Ausweichen auf die staatliche Finanzierung insbesondere der Fraktionen nicht gänzlich in Abrede stellen.[234] Gleichwohl ist nicht zu übersehen, dass Parteien, Fraktionen und Stiftungen unterschiedliche Aufgaben erfüllen und divergierenden Funktionslogiken folgen, die eine jeweils eigenständige Regelung ihrer staatlichen Finanzierung rechtfertigen.[235] Wollte man die staatlichen Zuweisungen an sie mittels einer einheitlichen gesetzlichen Regelung gar pauschalieren, entstünde nicht nur das Risiko einer unzulässigen Vermischung der unterschiedlichen Aufgabenbereiche, sondern auch die Gefahr, dass die entsprechenden Mittel je nach politischer Opportunität einmal für die Parteien, dann wieder für die Fraktionen oder schließlich für die parteinahen Stiftungen eingesetzt würden.[236]

2. Der Ausschluss von der staatlichen Parteienfinanzierung gem. Art. 21 Abs. 3 GG

Weniger durch den Wandel des Parteiensystems veranlasst als vielmehr für das Parteienwesen relevant ist die im Jahre 2017 auf Anregung des Bundesverfassungsgerichts eröffnete Möglichkeit, verfassungsfeindliche Parteien von der staatlichen Parteienfinanzierung auszuschließen.[237] Dieses, in Art. 21 Abs. 3 Satz 1 GG normierte Instrument des Finanzierungsausschlusses steht, ebenso wie das Institut des Parteiverbots, im Dienste des Verfassungsschutzes. Es unterscheidet sich von diesem – bei sonstigem Gleichlauf der Voraussetzungen[238] – tatbestandlich lediglich durch einen Verzicht auf ein Überschreiten der sog. Potentialitätsschwelle: Für einen Finanzierungsausschluss ist, anders als beim Parteiverbot nach Art. 21 Abs. 2 GG, kein „darauf Ausgehen" im Sinne einer möglicherweise erfolgreichen Gefährdung der genannten Schutzgüter erforderlich, sondern lediglich ein „darauf Ausgerichtetsein".[239] Daher setzt Art. 21 Abs. 3 Satz 1 GG „nur ein Überschreiten der Schwelle zur Bekämpfung der freiheitlichen demokratischen Grundordnung oder des Bestandes der Bundesrepublik Deutschland voraus, ohne dass es darauf ankommt, ob die Schwelle der Potentialität überschritten wird."[240]

Mit den im Vergleich zum Parteiverbot „niedrigeren Tatbestandsanforderungen" gehen die „regelmäßig milderen Rechtsfolgen" des Finanzierungsausschlusses einher.[241] Sie ergeben sich daraus, dass Konsequenz eines erfolgreichen Antrags nach Art. 21 Abs. 3 GG ausschließlich der Wegfall finanzieller Ansprüche aus der staatlichen Parteienfinanzierung – zunächst für sechs Jahre, ggf. mit der Möglichkeit der Verlängerung[242] –, der Entfall der steuerlichen Begünstigungen[243] sowie die Beendigung der staatlichen Förderung einer etwaigen parteinahen Stiftung ist.[244] Sonstige Ansprüche und Privilegien einer Partei bleiben von diesem Finanzierungsausschluss unberührt. Eine entsprechende Partei bleibt folglich eine legale Partei – mit allen Folgen, die dies für ihre Rechtstellung hat: Sie kann sich weiterhin an Wahlen beteiligen, um Mitglieder werben sowie Spenden sammeln und hat unverändert Anspruch auf Gleichbehandlung, damit namentlich auch auf gleichen Zugang zu öffentlichen Einrichtungen; zudem bleiben die von ihr erworbenen Parlamentsmandate ebenso erhalten wie die Ansprüche ihrer Parlamentsfraktionen und ihrer Abgeordneten.[245] Das hat zu Recht auch das Bundesverfassungsgericht in seinem Urteil vom 23. Januar 2024 zum Finanzierungsausschluss der ehemaligen NPD (heute: Die Heimat) festgestellt,[246] in dem es nicht zuletzt deshalb das zwischen Art. 21 Abs. 2 GG und Art. 21 Abs. 3 Satz 1 GG bestehende Verhältnis zutreffend als ein „Stufenverhältnis" charakterisiert hat.[247]

Die Bedeutung dieser Entscheidung für das gegenwärtige Parteiensystem liegt weniger in dem Ausschluss der ehemaligen NPD von der staatlichen Parteienfinanzierung, zumal diese die erforderlichen Mindestvoraussetzungen bereits seit geraumer Zeit nicht mehr erfüllt und daher schon seit 2021 nicht mehr an der staatlichen Parteienfinanzierung teilgenommen hat;[248] für sie ist einzige Konsequenz des Urteils deshalb der Wegfall steuerlicher Begünstigungen.[249] Anders liegen die Dinge demgegenüber mit Blick auf einen eventuellen Finanzierungsausschluss der AfD, für den das bundesverfassungsgerichtliche Urteil kurzerhand zur „Blaupause" erklärt worden ist.[250] Diese Bewertung dürfte freilich zu hinterfragen sein. Gerade weil die inhaltlichen Voraussetzungen wie auch die verfahrensrechtlichen Anforderungen eines Parteiverbots und eines Finanzierungsausschlusses weitgehend identisch sind, müsste im Falle eines gegen die AfD gerichteten Finanzierungsausschlussverfahrens nicht anders – und mit kaum weniger Aufwand[251] – als bei einem Parteiverbot belegt werden, dass sie nach ihren Zielen oder dem Verhalten ihrer Anhänger aktiv und planvoll die freiheitliche demokratische Grundordnung bekämpft.[252] Soweit sich bei einer Prüfung ergäbe, dass diese Voraussetzung erfüllt wäre, stünde in ihrem Falle alternativ auch ein Parteiverbotsverfahren im Raum. Zwar muss dafür nach der jüngeren bundesverfassungsgerichtlichen Judikatur zusätzlich die sog. Potentialität zu bejahen sein, weshalb „konkrete Anhaltspunkte von Gewicht vorliegen [müssen], die es zumindest möglich erscheinen lassen, dass das gegen die Schutzgüter des Art. 21 Abs. 2 GG gerichtete Handeln einer Partei erfolgreich sein kann";[253] ob dies der Fall ist, ist im Rahmen einer wertenden Gesamtbetrachtung zu ermitteln, in die u. a. die Situation einer Partei, die Anzahl ihrer Mitglieder, ihre gesellschaftliche Wirkkraft, ihre Vertretung in Ämtern und Mandaten einzustellen sind.[254] Doch angesichts ihrer breiten parlamentarischen Verankerung in Bund und Ländern sowie mit Blick auf ihren Mitgliederbestand wie auch auf ihre Umfragewerte steht gänzlich außer Zweifel, dass die AfD diese Schwelle der Potentialität längst und bei weitem überschritten hat.[255] Angesichts dessen wäre es – sofern auch die übrigen Voraussetzungen des Art. 21 Abs. 2 GG tatsächlich vorliegen sollten – letztlich eine Frage der politischen Einschätzung der antragsberechtigten Organe, ob gegen die AfD ein Parteiverbotsverfahren gemäß Art. 21 Abs. 2 GG oder ein Finanzierungsausschlussverfahren nach Art. 21 Abs. 3 GG einzuleiten wäre. Darauf wird noch zurückzukommen sein.[256]

VI. Exkurs: Der Wandel des Parteiensystems und seine Auswirkungen auf das Recht parteinaher Stiftungen

Der Wandel des Parteiensystems betrifft indes nicht nur die Parteien als solche, sondern wirkt sich zeitversetzt auch auf das System der parteinahen Stiftungen aus.[257] So treten in der Konsequenz einer Veränderung des Parteiensystems – namentlich in der Folge der Neugründung solcher Parteien, die sich zu dauerhaften, ins Gewicht fallenden politischen Grundströmungen entwickeln – korrespondierend regelmäßig auch neue Stiftungen auf den Plan, die Anspruch auf Einbeziehung in die staatliche Finanzierung der politischen Stiftungen erheben. Das belegen namentlich die Heinrich-Böll-Stiftung, die seit 1990 in die Förderung einbezogen ist,[258] die Rosa-Luxemburg-Stiftung, die seit 1999 staatliche Zuweisungen erhält,[259] und die der AfD nahestehende und von dieser 2018 als parteinahe Stiftung anerkannte Desiderius-Erasmus-Stiftung.[260] Der damit einhergehende Wandel auch des Stiftungssystems bildet in einer Art mittelbarer Folgewirkung nicht nur die Pluralisierung und Diversifizierung der Parteienlandschaft ab, sondern auch deren Polarisierung. Er führt auf der einen Seite – neben einer Aktualisierung des Gesetzesvorbehalts – einmal mehr zu Fragen, die die Verwirklichung des Rechts auf Chancengleichheit zum Gegenstand haben, wirft auf der anderen Seite aber auch das Problem eines möglichen Ausschlusses verfassungsfeindlicher Stiftungen aus der staatlichen Stiftungsfinanzierung auf.

1. Aktualisierung des Gesetzesvorbehalts und des Rechts auf Chancengleichheit durch ein pluralisiertes, diversifiziertes und polarisiertes System parteinaher Stiftungen

Die Neugründung parteinaher Stiftungen hat wiederholt den Anlass für eine auch bundesverfassungsgerichtliche Klärung der Voraussetzungen einer statthaften Finanzierung parteinaher Stiftungen gebildet. So haben die Grünen nach ihrer Etablierung im deutschen Parteiensystem das Stiftungsurteil von 1986 erwirkt, in dem die Stiftungsfinanzierung unter dem Vorbehalt der Einhaltung des sog. Distanzgebotes und der angemessenen Einbeziehung aller dauerhaften, ins Gewicht fallenden politischen Grundströmungen der Bundesrepublik Deutschlands als verfassungsmäßig erachtet worden ist.[261] Im Jahre 2023 hat das Bundesverfassungsgericht im Rahmen eines von der AfD betriebenen Organstreitverfahrens mit Blick auf die Regelung der Stiftungsfinanzierung klargestellt, dass die Gewährleistung der Chancengleichheit der Parteien wegen ihrer Bedeutung für das aus Art. 20 Abs. 1 und 2 GG folgende Demokratiegebot „in einem Regelungszusammenhang [steht], der in seiner Bedeutung der Ausübung von Grundrechten nicht nachsteht und für den daher der Gesetzesvorbehalt grundsätzlich in gleicher Weise gilt":[262] Wirkten sich „staatliche Leistungen – unmittelbar oder mittelbar – auf die Stellung und die Handlungsspielräume der Parteien im politischen Wettbewerb aus, [sei] es wegen deren zentraler Rolle bei der Ausfüllung des grundgesetzlichen Demokratiegebots Sache des Gesetzgebers, selbst unter Beachtung des Grundsatzes der Chancengleichheit die Anspruchsvoraussetzungen und Verteilungskriterien solcher Leistungen zu bestimmen."[263] Die Regelungen im jeweiligen Haushaltsgesetz reichten hierfür nicht aus, weil die den Parteienwettbewerb betreffenden Zuwendungen auf den Prozess der politischen Willensbildung des Volkes zurückwirkten.[264] Erforderlich sei demzufolge, wie auch im Schrifttum weithin anerkannt,[265] eine gesetzliche Regelung der staatlichen Förderung parteinaher Stitungen.[266] Dieses ist zwischenzeitlich – am 19. Dezember 2023 – erlassen worden.[267]

Der durch die Veränderung des Parteiensystems bewirkte Wandel (auch) des Stiftungssystems aktualisiert jedoch nicht nur den Gesetzesvorbehalt für das Stiftungsfinanzierungsrecht, sondern einmal mehr auch das Recht der politischen Parteien auf Chancengleichheit.[268] Dieses Recht ist nicht nur durch die unmittelbare Zuweisung staatlicher Finanzmittel an politische Parteien,[269] sondern auch durch staatliche Zuwendungen an parteinahe Stiftungen betroffen:[270] Denn aufgrund des besonderen Näheverhältnisses, das zwischen derartigen Stiftungen und den ihnen jeweils korrespondierenden politischen Parteien besteht,[271] ergeben sich aus einer mit staatlichen Mitteln geförderten Stiftungstätigkeit relevante Vorteile für die jeweilige Partei im politischen Wettbewerb.[272] Da sich eine staatliche Stiftungsförderung angesichts dessen auf die politische Willensbildung auswirkt, ist diese folglich, wie das Bundesverfassungsgericht in seiner Entscheidung zur Desiderius-Erasmus-Stiftung 2023 zu Recht klargestellt hat, am Grundsatz der Chancengleichheit der Parteien gemäß Art. 21 Abs. 1 Satz 1 GG zu messen.[273] Hierbei ist es zwar mangels einer hierdurch zu erwartenden Veränderung der bestehenden politischen Wettbewerbslage verfassungsrechtlich unbedenklich, die staatliche Förderung auf parteinahe Stiftungen zu beschränken, die eine „dauerhafte, ins Gewicht fallende politische Grundströmung" repräsentieren; auch kann für deren Ermittlung auf die Wahlbeteiligung und die Wahlergebnisse der diesen nahestehenden Parteien abgestellt werden.[274] Gleichwohl muss der Gesetzgeber bei der Bestimmung der Voraussetzungen für die staatliche Förderung der grundgesetzlich garantierten Offenheit des politischen Willensbildungsprozesses Rechnung tragen: „Aufgabe der staatlichen Finanzierung politischer Stiftungen kann es nicht sein, einen Beitrag zur Versteinerung des bestehenden Parteiensystems zu leisten und die Entstehung oder Verstetigung neuer politischer Strömungen zu verhindern."[275] Das Ende 2023 erlassene Stiftungsfinanzierungsgesetz sucht dem dadurch zu entsprechen, dass es in seinem § 2 Abs. 2 Satz 1 als Voraussetzung für die Förderung einer politischen Stiftung vorschreibt, dass Abgeordnete der ihr nahestehenden Partei „in der mindestens dritten aufeinanderfolgenden Legislaturperiode in Fraktionsstärke in den Deutschen Bundestag eingezogen [sind]."[276]

2. Der Ausschluss verfassungsfeindlicher parteinaher Stiftungen von der staatlichen Stiftungsfinanzierung

Daneben hat der Wandel des Systems der politischen Stiftungen die Frage virulent werden lassen, ob und wie verfassungsfeindlichen parteinahen Stiftungen eine staatliche Förderung versagt werden kann oder wie entsprechende Stiftungen von einer bereits erfolgten Förderung ausgeschlossen werden können. Die grundsätzliche Möglichkeit eines solchen Finanzierungsausschlusses hat das Bundesverfassungsgericht in seiner Entscheidung zur Desiderius-Erasmus-Stiftung 2023 insbesondere zum Schutz der freiheitlichen demokratischen Grundordnung bejaht;[277] der Gesetzgeber hat von ihr im Stiftungsfinanzierungsgesetz Gebrauch gemacht. So schreibt § 2 Abs. 4 Satz 1 StiftFinG als Voraussetzung für eine staatliche Stiftungsförderung vor, dass eine parteinahe Stiftung die Gewähr bieten muss, „für die freiheitliche demokratische Grundordnung sowie für den Gedanken der Völ-

VI. Exkurs: Das Recht parteinaher Stiftungen

kerverständigung aktiv einzutreten."[278] Eine solche Gewähr kann nach der Konzeption des Stiftungsfinanzierungsgesetzes in unterschiedlichen Konstellationen, aus denen im Folgenden vier herausgegriffen seien, fehlen: zunächst im Falle der Verhängung eines Parteiverbots i. S. d. Art. 21 Abs. 2 GG gegen die der politischen Stiftung nahestehenden Partei; sodann in der Situation eines diese Partei betreffenden Finanzierungsausschlusses i. S. d. Art. 21 Abs. 3 GG; ferner in der Konstellation, dass eine bundesverfassungsgerichtlich weder verbotene noch von der staatlichen Parteienfinanzierung ausgeschlossene Partei zur verfassungsfeindlichen Prägung einer politischen Grundströmung beiträgt; und schließlich in dem Fall, dass sich nicht die betreffende Partei, sondern die parteinahe Stiftung selbst verfassungsfeindlich betätigt.

Zunächst ergeben sich für die staatliche Förderung einer parteinahen Stiftung Konsequenzen, wenn das Bundesverfassungsgericht feststellt, dass die ihr nahestehende Partei wegen Vorliegens der tatbestandlichen Voraussetzungen von Art. 21 Abs. 2 GG verfassungswidrig ist. Das Stiftungsfinanzierungsgesetz geht davon aus, dass wegen der mit einer entsprechenden Feststellung gem. § 46 Abs. 3 Satz 1 BVerfGG einhergehenden Auflösung der betreffenden Partei zugleich die Voraussetzung entfällt, die § 1 Abs. 1 StiftFinG bestimmt: dass eine politische Stiftung nur eine solche ist, „die durch die ihr nahestehende Partei im gegenseitigen Einvernehmen anerkannt [ist]". Das erklärt den bemerkenswerten Umstand, dass das Gesetz darauf verzichtet, die Folgen eines Parteiverbots für die betreffenden parteinahen Stiftungen ausdrücklich zu normieren. Die Gesetzesbegründung führt dazu dezidiert aus, dass dieser Fall nicht geregelt werden müsse, „da in diesem Fall schon keine Anerkennung einer Partei im Sinne des § 1 Absatz 1 gegeben sein [könne]."[279] Auch wenn dies das Fehlen einer expliziten stiftungsfinanzierungsspezifischen

Bestimmung zu erklären vermag, überrascht die gesetzgeberische Abstinenz durchaus, kommt doch einem solchen Fall eine erhebliche politische Bedeutung zu, die eine explizite Bestimmung im Interesse der Rechtsklarheit sachlich ohne Weiteres gerechtfertigt hätte.

Hiervon zu unterscheiden sind die Folgen, die für die staatliche Förderung einer parteinahen Stiftung aus dem Finanzierungsausschluss einer Partei i. S. d. Art. 21 Abs. 3 GG resultieren. Stellt das Bundesverfassungsgericht einen solchen Ausschluss fest, kann eine dieser Partei nahestehende politische Stiftung in der Konsequenz von § 2 Abs. 1 und 3 StiftFinG nicht in die staatliche Förderung einbezogen werden. In der Tat würde es, wovon auch die Gesetzesbegründung ausgeht, „einen erheblichen Wertungswiderspruch darstellen", wenn zwar die der Stiftung nahestehende Partei durch das Bundesverfassungsgericht von der staatlichen Parteienfinanzierung exkludiert wird, aber „dennoch der von dieser Partei anerkannten Stiftung öffentliche Mittel zufließen würden."[280] Ist die Stiftung zum Zeitpunkt des Finanzierungsausschlusses der Partei bereits in den Genuss der staatlichen Förderung gekommen, schreibt § 4 Abs. 1 Nr. 3 StiftFinG daher vor, dass diese „spätestens mit Ablauf des laufenden Haushaltsjahres zu beenden [ist]".

Unter den in § 2 Abs. 4 Satz 2 StiftFinG aufgeführten Beispielen für das Fehlen einer Gewähr, „für die freiheitliche demokratische Grundordnung sowie für den Gedanken der Völkerverständigung aktiv einzutreten", verdient ferner die dortige – neue Begrifflichkeiten einführende, auffällig unbestimmt gefasste und insofern auf verfassungsrechtliche Bedenken treffende – Nr. 4 besondere Aufmerksamkeit; nach dieser kann auch „eine verfassungsfeindliche Prägung der politischen Grundströmung, die der Stiftung zuzuordnen ist", die Annahme des Fehlens einer entsprechenden Gewähr – und damit den Finanzierungsausschluss – rechtfertigen. Für den Fall, dass dieser Versagungsgrund bei einer Stiftung vorliegt, die bereits in die staatliche Stiftungsförderung einbezogen worden ist, ordnet § 4 Abs. 1 Nr. 2 StiftFinG wiederum die Beendigung der Förderung spätestens mit Ablauf des laufenden Haushaltsjahres an. Zum Charakter einer entsprechenden „politischen Grundströmung" dürfte wesentlich die der Stiftung nahestehende Partei beitragen, auch wenn eine solche Grundrichtung von ihr nicht ausschließlich und unmittelbar geprägt wird.[281] Ist die betreffende Partei bundesverfassungsgerichtlich (noch) nicht mit einem Parteiverbot i. S. d. Art. 21 Abs. 2 GG oder einem Finanzierungsausschluss i. S. d. Art. 21 Abs. 3 GG belegt, wird sie aber etwa vom Verfassungsschutz als Verdachtsfall oder gar als gesichert extremistische Bestrebung qualifiziert, dürfte dies daher ein wichtiges Indiz für die Annahme einer verfassungsfeindlichen Prägung der politischen Grundströmung i. S. v. § 2 Abs. 4 Satz 2 Nr. 4 StiftFinG darstellen. Insofern stellt die Vorschrift den Versuch dar, die verfassungsfeindlichen Bestrebungen einer solchen Partei auch unterhalb der Schwelle eines Parteiverbotes oder eines Finanzierungsausschlusses bei der staatlichen Förderung ihrer parteinahen Stiftung zu berücksichtigen. Auf diese Weise trägt § 2 Abs. 4 Satz 2 Nr. 4 StiftFinG seiner Intention nach dazu bei, einen Finanzierungsausschluss für politische Stiftungen auch im Vorfeld möglicher Parteiverbote oder Finanzierungsausschlüsse der stiftungsnahen Parteien zu ermöglichen, sofern diese in entsprechende politische Grundströmungen eingebettet sind. Dass eine solche Regelung verfassungsrechtlich statthaft ist, lässt sich mit der Erwägung in Zweifel ziehen, dass die Einstufung einer politischen Partei als sog. Verdachtsfall oder als gesichert extremistische Bestrebung zwar die Hinnahme der aus der Überwachung resultierenden Nachteile gebietet, es aber nicht gestattet, hiermit weitergehende Nachteile – in concreto: einen hierauf gegründeten Förderungsausschluss einer parteinahen Stiftung – zu verbinden; ein gleichwohl erfolgender Finanzierungsausschluss, der einen relevanten Nachteil auch für die betroffene stiftungsnahe Partei darstellt, dürfte insofern das Recht auf Chancengleichheit der Parteien verletzen.[282]

Schließlich bestimmt § 2 Abs. 1 und 5 Satz 1 StiftFinG, dass eine parteinahe Stiftung nicht darauf ausgerichtet sein darf, die in § 4 Abs. 2 BVerfSchG genannten Verfassungsgrundsätze zu beseitigen oder außer Kraft zu setzen. Eine solche Ausrichtung ist gem. § 2 Abs. 5 Satz 2 StiftFinG namentlich dann zu bejahen, wenn die politische Stiftung durch das Bundesamt für Verfassungsschutz als Verdachtsfall oder als gesichert extremistisch eingestuft wird. Allerdings beschränkt sich § 2 Abs. 5 Satz 2 StiftFinG darauf, die verfassungsfeindliche Ausrichtung einer parteinahen Stiftung in einem solchen Fall nur „in der Regel anzunehmen", weshalb der Ausschluss von der Finanzierung nicht automatisch auf die Beobachtung der Stiftung folgt.[283] Das ist deshalb bedeutsam, weil andernfalls dem Bundesamt für Verfassungsschutz mittelbar die Entscheidung über den Ausschluss einer betreffenden politischen Stiftung von der Finanzierung übertragen wäre, obgleich das gem. § 3 Abs. 1 und 2 BVerfSchG nicht zu den Aufgaben der Verfassungsschutzbehörden, denen grundsätzlich nur Befugnisse zur Gefahrerforschung zustehen,[284] zählt.[285] Für den Fall, dass die Voraussetzung des § 2 Abs. 5 Satz 2 StiftFinG nach der Aufnahme der staatlichen Stiftungsförderung entfällt, sieht § 4 Abs. 1 Nr. 2 StiftFinG wiederum die Beendigung der Förderung spätestens mit Ablauf des laufenden Haushaltsjahres vor.

VII. Der Wandel des Parteiensystems und die Beobachtung politischer Parteien durch den Verfassungsschutz

Die letztgenannten Überlegungen zum Verfassungsschutz leiten über zu einer weiteren Konsequenz des Wandels des Parteiensystems: zu einer Aktualisierung der Beobachtung politischer Parteien durch den Verfassungsschutz und den damit verbundenen Rechtsfragen.

Bei Lichte besehen vermag es zunächst wenig zu überraschen, dass einer solchen Beobachtung in Zeiten eines Wandels des Parteiensystems erhöhte Relevanz zukommt: Eröffnet das Grundgesetz mit seiner Gewähr der Parteien(-gründungs-)freiheit die Möglichkeit, dass etwa im Falle deutlich werdender Schwächen in der Synchronisation von Volks- und Staatswillensbildung auch neu gegründete Parteien in entstehende Repräsentationslücken stoßen können, wächst die Bedeutung einer effektiven Vorsorge für den Fall, dass sich einzelne dieser Parteien nicht nur von der freiheitlichen-demokratischen Grundordnung abwenden, sondern sie gar bekämpfen. Auf eine solche Vorsorge zielen nicht nur der bereits behandelte Ausschluss von Parteien aus der staatlichen Parteienfinanzierung und das noch zu erörternde Instrument des Parteiverbots;[286] ihm dient auch die im Vorfeld ansetzende Beobachtung politischer Parteien durch den Verfassungsschutz, die ihrerseits freilich nicht auf neu gegründete Parteien beschränkt ist.

Diese Beobachtung hat in der jüngeren Zeit vor allem im Hinblick auf die AfD sowie einzelne ihrer Landesverbände bzw. Teilorganisationen an Bedeutung gewonnen. So hat das Bundesamt für Verfassungsschutz zunächst am 15. Januar 2019 bekannt gegeben, dass die AfD als Gesamtpartei als „Prüffall" geführt werde;[287] am 25. Februar 2021 hat es – was das VG Köln in seiner Entscheidung vom 8. März 2022 im Wesentlichen für rechtmäßig erachtet hat[288] und was mit Urteil vom 13. Mai 2024 durch das OVG Nordrhein-Westfalen bestätigt worden ist[289] – die AfD zum „Verdachtsfall" hochgestuft.[290] Schließlich haben die zuständigen Verfassungsschutzbehörden der Länder die AfD-Landesverbände Thüringen, Sachsen-Anhalt und Sachsen Anfang 2021 bzw. Ende 2023 als „gesichert rechtsextremistische Bestrebung" eingestuft.[291] Das wirft die Frage nach den rechtlichen Grundlagen der Beobachtung von Parteien durch den Verfassungsschutz auf, wobei die folgenden Ausführungen nicht das aus Art. 73 Abs. 1 Nr. 10 (1. Alt. lit. b), Art. 87 Abs. 1 Satz 2 (4. Alt.) GG und § 5 BVerfSchG resultierende föderale Kompetenzgeflecht in seiner Gesamtheit in den Blick nehmen, sondern sich auf den Verfassungsschutz auf Bundesebene beschränken.

1. Phasen der Beobachtung: Vorfeldphase, Prüfphase, Verdachtsphase, Gewissheitsphase

Die verfassungsrechtliche Entscheidung für eine wehrhafte Demokratie, die ihren Niederschlag vor allem in Art. 9 Abs. 2 GG, Art. 18 GG, Art. 21 Abs. 2 und 3 GG gefunden hat, setzt belastbare Informationen über verfassungsfeindliche Bestrebungen und Tätigkeiten voraus. Diesem Erfordernis trägt das Grundgesetz nicht nur mit einer institutionellen Garantie des Verfassungsschutzes Rechnung,[292] sondern auch mit einer ausdrücklichen Zweckbestimmung, die Art. 73 Abs. 1 Nr. 10 (1. Alt. lit. b) GG mit dem „Schutze der freiheitlichen demokratischen Grundordnung, des Bestandes und der Sicherheit des Bundes oder eines Landes" umschreibt. Zudem ermöglicht Art. 87 Abs. 1 Satz 2 (4. Alt.) GG die Einrichtung von Zentralstellen „zur Sammlung von Unterlagen für Zwe-

VII. Die Beobachtung durch den Verfassungsschutz 65

cke des Verfassungsschutzes". Diese Sammlung wird in der behördlichen Praxis wie auch in den einfach-gesetzlichen Bestimmungen von Bund und Ländern nahezu durchgängig – und inhaltsgleich – als „Beobachtung" bezeichnet.[293] Sie erstreckt sich gem. § 4 Abs. 1 Satz 1 BVerfSchG auch auf Personenzusammenschlüsse und damit namentlich auf politische Parteien.[294] Das Parteienprivileg des Art. 21 Abs. 4 (1. Alt.) GG, demzufolge ausschließlich das Bundesverfassungsgericht über die Verfassungswidrigkeit einer politischen Partei entscheidet, steht dem nicht entgegen. Zwar ist hiernach vor einer entsprechenden bundesverfassungsgerichtlichen Entscheidung ein administratives Einschreiten gegen den Bestand einer politischen Partei ausgeschlossen, die Beobachtung durch den Verfassungsschutz indes stellt ein solches Einschreiten nicht dar, da sie lediglich der Aufklärung des Verdachts dient, dass die Partei verfassungsfeindliche Ziele verfolgt.[295]

Die daher jedenfalls dem Grunde nach mögliche Beobachtung politischer Parteien stellt – wie jede verfassungsschutzbehördliche Beobachtung – einen Prozess dar, der seinerseits verschiedene, gesetzlich bislang nicht näher bezeichnete Phasen kennt.[296] Diese sind zwar grundsätzlich unterscheidbar, können jedoch ineinander übergehen und ggf. auch zeitlich zusammenfallen.[297] Der eigentlichen Beobachtung denknotwendig vorgeschaltet ist ein Stadium, das durch die allgemeine und beständige Sichtung des gesamten gesellschaftlichen und politischen Raumes gekennzeichnet ist. In ihm betrachten die Verfassungsschutzbehörden durch Rückgriff auf allgemein zugängliche, offene Erkenntnisquellen erste tatsächliche Informationssplitter und Spurenansätze, die ggf. dafür sprechen könnten, dass ihr gesetzlicher Aufgabenbereich eröffnet ist. Dieses Stadium lässt sich als Vorfeldphase bezeichnen, die ohne eine zielgerichtete Inblicknahme einzelner Objekte oder Personen der allgemeinen Sondierung dient, ob möglicherweise erste Hinweispartikel für verfassungsfeindliche Bestrebungen vorliegen. Erweist sich, dass dies der Fall ist, ist in einer nächsten – im engeren Sinne ersten – Phase des Verifikationsprozesses die nähere Prüfung veranlasst, ob „tatsächliche Anhaltspunkte" für im Beobachtungsauftrag liegende Bestrebungen gegeben sind, die eine systematische Sammlung und Auswertung von Informationen rechtfertigen. Diese Phase stellt mithin eine Prüfphase dar, die in der behördlichen und gerichtlichen Praxis als „Prüffall(bearbeitung)" bezeichnet wird.[298] In dieser Phase werden nachrichtendienstliche Mittel teils aus Gründen der Verhältnismäßigkeit für ausgeschlossen erachtet,[299] teils sind sie einfach-gesetzlich exkludiert,[300] weshalb in der Regel weiterhin nur ein Rückgriff auf allgemein zugängliche Quellen erfolgt.[301] Ergibt sich im Rahmen der Prüfphase, dass tatsächliche Anhaltspunkte, also konkrete und in gewissem Umfang verdichtete Umstände als Tatsachenbasis für den Verdacht verfassungsfeindlicher Bestrebungen oder Betätigungen vorliegen,[302] die Erkenntnisdichte aber noch nicht den Grad der Gewissheit erreicht, schließt sich in einer weiteren – im engeren Sinne zweiten – Phase die sog. Verdachtsphase an, die verfassungsschutzbehördlich und gerichtlich auch als „Verdachtsfall(bearbeitung)" firmiert.[303] Sie eröffnet die Beobachtung im eigentlichen Sinne.[304] Die verfassungsschutzbehördliche Tätigkeit zielt in dieser Phase auf die systematische Klärung ab, ob das konkretisierte Verdachtsobjekt tatsächlich eine im Beobachtungsauftrag liegende Bestrebung oder Betätigung entfaltet.[305] In der Verdachtsphase ist der Einsatz nachrichtendienstlicher Mittel prinzipiell statthaft und auch Teil der Behördenpraxis.[306] Verdichten sich die tatsächlichen Anhaltspunkte für eine verfassungsfeindliche Bestrebung oder Betätigung zur Gewiss-

VII. Die Beobachtung durch den Verfassungsschutz

heit, ist verfassungsschutzbehördlich gesichert, dass eine sog. „erwiesen extremistische Bestrebung" vorliegt.[307] Die damit erreichte – dritte – Phase, die Phase der Gewissheit, rechtfertigt eine fortgesetzte planmäßige Aufklärung und einen weitergehenden Einsatz nachrichtendienstlicher Mittel.

Die vorstehend skizzierte verfassungsschutzbehördliche Beobachtung einer Partei greift namentlich dann, wenn sie mit nachrichtendienstlichen Mitteln erfolgt, in schwerwiegender Weise in die Rechtsstellung, vor allem in die Freiheit politischer Parteien ein.[308] Ihre prinzipielle verfassungsrechtliche Rechtfertigung ergibt sich aus der grundgesetzlichen Entscheidung für eine wehrhafte Demokratie,[309] setzt aber eine hinreichend bestimmte gesetzliche Ermächtigungsgrundlage und die Wahrung der Verhältnismäßigkeit auch im Einzelfall voraus.[310] Eine solche gesetzliche Ermächtigungsgrundlage enthält auf der Ebene des Bundes dem Grunde nach das Bundesverfassungsschutzgesetz. Allerdings muss diese gesetzliche Grundlage hinsichtlich der Befugnisse des Verfassungsschutzes auch den Anforderungen der Bestimmtheit und der Normenklarheit genügen.[311] Angesichts dessen empfiehlt es sich, die drei skizzierten Beobachtungsphasen, die das Bundesverfassungsschutzgesetz bislang nicht ausdrücklich als solche bezeichnet, sondern deren Unterscheidung weitgehend durch Behördenpraxis und Rechtsprechung geprägt ist, gesetzesexplizit aufzunehmen, ihre Voraussetzungen und Modalitäten detaillierter als bisher zu normieren[312] und insbesondere die dem Eingriffsgewicht der verschiedenen Überwachungsbefugnisse entsprechenden Eingriffsschwellen durch Maßgaben zur jeweils erforderlichen Beobachtungsbedürftigkeit hinreichend bestimmt und normenklar zu regeln.[313] Sinnvoll dürfte außerdem die Schaffung einer eigenen Rechtsgrundlage für die Beobachtung politischer Parteien sein, an der es bislang fehlt.[314]

2. Insbesondere: Die öffentliche Bekanntmachung der Beobachtung politischer Parteien durch den Verfassungsschutz

Im Zusammenhang mit der durch das Bundesamt für Verfassungsschutz vorgenommenen öffentlichen Bekanntmachung der Behandlung der AfD als Prüffall – die seinerzeit sowohl durch eine Pressekonferenz des Präsidenten als auch durch eine offizielle Pressemitteilung erfolgte[315] – ist zudem die Frage virulent geworden, ab welchem Zeitpunkt die Verfassungsschutzbehörden über ihr Tätigwerden mit Blick auf eine politische Partei informieren dürfen. Diese Frage ist hochsensibel, wirkt sich doch das öffentliche Bekanntwerden einer verfassungsschutzbehördlichen Beobachtung wegen deren stigmatisierender Bedeutung potentiell auf den Willensbildungsprozess des Volkes und die Chancengleichheit der politischen Parteien aus.[316] Angesichts dessen stellt die Veröffentlichung der verfassungsschutzbehördlichen Beobachtung, insbesondere auch die Erwähnung in den Verfassungsschutzberichten, nach bundesverfassungsgerichtlicher Judikatur eine „mittelbar belastende negative Sanktion" dar, die einem Grundrechtseingriff gleichkommt[317] und namentlich die Parteienfreiheit wie auch das Recht der Parteien auf Chancengleichheit tangiert.[318] Diese Beeinträchtigung steht selbständig neben jenem Eingriff, der mit der verfassungsschutzbehördlichen Beobachtung als solcher verbunden ist. Ihre verfassungsrechtliche Rechtfertigung folgt – eine gesetzliche Grundlage und die Wahrung der aus dem Verhältnismäßigkeitsgrundsatz resultierenden Anforderungen auch im Einzelfall vorausgesetzt[319] – daraus, dass eine öffentliche Bekanntmachung der Beobachtung durch den Verfassungsschutz, insbesondere eine Veröffentlichung in den Verfassungsschutzberichten, „eine grundsätzlich geeignete Vorkehrung zur Aufklärung der Öffentlichkeit und in diesem Rahmen zur Abwehr verfassungsfeindlicher Bestrebungen [darstellt]."[320] Hierbei müssen die zur Begründung des Werturteils herangezogenen Tatsachenbehauptungen der Wahrheit entsprechen; die Verfassungsschutzbehörden tragen hierfür die Beweislast.[321] Allerdings folgt aus der den Verfassungsschutzbehörden grundgesetzlich zugewiesenen Funktion als „Frühwarnsystem", dass diese auf eine öffentliche Information nicht nur im Falle mit Sicherheit feststehender verfassungsfeindlicher Bestrebungen und Betätigungen beschränkt sind,[322] sondern dass – wie § 16 Abs. 1 BVerfSchG formuliert – „hinreichend gewichtige tatsächliche Anhaltspunkte hierfür" ausreichen.[323]

Nach diesen Maßstäben scheidet eine verfassungsschutzbehördliche Information der Öffentlichkeit über einen einfachen Prüffall notwendig aus – und zwar gleichermaßen aus verfassungsrechtlichen Gründen[324] wie auch nach einfach-rechtlicher Rechtslage.[325] Hintergrund ist, dass in der Prüfphase, wie ausgeführt, lediglich erste tatsächliche Informationssplitter und Spurenansätze vorliegen, deren Qualität als tatsächliche Anhaltspunkte für verfassungsfeindliche Bestrebungen oder Betätigungen noch nicht feststeht, sondern gerade geprüft wird. Die 2019 erfolgte Information über die verfassungsschutzbehördliche Einordnung der AfD als Prüffall war demzufolge, wie auch das VG Köln in seinem vom Bundesamt für Verfassungsschutz nicht angefochtenen Beschluss vom 26. Februar 2019 festgestellt hat, rechtswidrig.[326]

Selbst in der Verdachtsphase, in der tatsächliche Anhaltspunkte für den Verdacht verfassungsfeindlicher Bestrebungen oder Betätigungen vorliegen, die es zu erhärten gilt, ist dem geltenden Recht zufolge eine behördliche Information der Öffentlichkeit nicht uneingeschränkt zulässig. So sieht das Bundesverfassungsgericht in ihr den Verdichtungsgrad der Anhaltspunkte noch nicht in jedem Falle als ausreichend an, um eine Information der Öffentlichkeit zu rechtfertigen. Vielmehr soll eine öffentliche Information aufgrund ihrer Auswirkung auf die Chancengleichheit der Parteien erst dann verhältnismäßig sein, wenn ein erhöhter Verdichtungsgrad der Erkenntnisse besteht und die tatsächlichen Anhaltspunkte „hinreichend gewichtig" sind.[327] Dies ist zwischenzeitlich auch in § 16 Abs. 1 BVerfSchG als Voraussetzung für eine Aufklärung der Öffentlichkeit durch das Bundesamt für Verfassungsschutz einfach-gesetzlich nachgezeichnet worden. Daraus folgt, dass die Öffentlichkeit erst dann informiert werden darf, wenn ein Verdachtsfall vorliegt und „der Verdachtsgrad [...] stark ausgeprägt [ist]". Die Voraussetzungen für die Information der Öffentlichkeit sind insofern höher als bei der bloßen Einstufung einer Partei als „Verdachtsfall".[328]

Haben sich schließlich die tatsächlichen Anhaltspunkte zur Gewissheit verdichtet und ist eine Partei daher als „erwiesen extremistisch" einzuordnen, liegt die Erkenntnisdichte oberhalb der von § 16 Abs. 1 BVerfSchG geforderten Schwelle: Auch wenn das einfache Recht für eine Information der Öffentlichkeit nicht die Gewissheit verfassungsfeindlicher Bestrebungen verlangt, reicht diese doch zweifelsohne aus.[329] In dieser Phase ist daher die Information der Öffentlichkeit über die nunmehr erwiesen extremistischen Bestrebungen uneingeschränkt statthaft.[330]

VIII. Der Wandel des Parteiensystems und das Instrument des Parteiverbots

Führen insbesondere die Erkenntnisse des Verfassungsschutzes die antragsberechtigten Staatsorgane zu der Überzeugung, eine politische Partei gehe darauf aus, die freiheitliche demokratische Grundordnung zu beeinträchtigen oder zu beseitigen, hält das Grundgesetz schließlich ein weiteres Instrument des Verfassungsschutzes bereit: das Parteiverbot i. S. d. Art. 21 Abs. 2 GG. Dieses stellt eine Regelung des präventiven Verfassungsschutzes dar.[331] Seine Konturen sind durch das NPD-Urteil des Bundesverfassungsgerichts vom 17. Januar 2017 nachgeschärft und just in einer Phase des Wandels des Parteiensystems modifiziert worden – mit Konsequenzen, die nicht zuletzt auch das Verbot von Jugendorganisationen politischer Parteien betreffen.

1. Das Instrument des Parteiverbots nach der NPD-Entscheidung des Bundesverfassungsgerichts

Das damit angesprochene NPD-Urteil hat bekanntlich einen „reduzierten Ansatz" hinsichtlich des Schutzguts der freiheitlichen demokratischen Grundordnung postuliert und damit – zu Recht – zwischen den Kernelementen einer freiheitlichen demokratischen Grundordnung und den sich daraus ergebenden Ableitungen unterschieden.[332] Zudem hat es auch das in Art. 21 Abs. 2 GG enthaltene Tatbestandsmerkmal des „darauf Ausgehens" präzisiert, das dem Bundesverfassungsgericht zufolge ein planvolles Handeln im Sinne qualifizierter Vorbereitung verlangt.[333] Vor allem aber hat es unter dezidierter Abwendung von der noch aus dem KPD-Urteil bekannten Rechtsprechung[334] als zusätzliche Voraussetzung für die Bejahung des Merkmals des „darauf Ausgehens" das bereits angesprochene Merkmal der Potentialität eingeführt.[335] Auch wenn Wortlaut, Entstehungsgeschichte und Systematik des Art. 21 Abs. 2 GG erhebliche Bedenken gegen eine solche Voraussetzung begründen – und insbesondere der präventive Charakter des Parteiverbots deutlich mehr dafür gesprochen hätte, das Aufkommen einer Partei mit antidemokratischen Zielsetzungen von vornherein zu unterbinden statt ihr erst dann mit einem Verbot zu begegnen, wenn eine Durchsetzung der von ihr verfolgten verfassungsfeindlichen Ziele möglich erscheint[336] – wird man konzedieren müssen, dass diese Bedenken mit der 2017 erfolgten Positivierung von Art. 21 Abs. 3 GG obsolet geworden sind.[337] Denn mit dieser hat sich der verfassungsändernde Gesetzgeber das bundesverfassungsgerichtliche Verständnis des „darauf Ausgehens" mitsamt der Anforderung der Potentialität dezidiert zu eigen und zugleich zur Grundlage der differenzierenden Formulierung des „darauf Ausgerichtetseins" in Art. 21 Abs. 3 GG gemacht.[338] Das gilt es zu respektieren, auch wenn daraus – worauf noch zurückzukommen sein wird[339] – durchaus Folgeprobleme resultieren. Seit dieser Verfassungsänderung bildet die Potentialität – wie bereits erwähnt – zugleich den einzigen verbliebenen Unterschied, der auf der Tatbestandsseite zwischen einem Parteiverbot und einem Ausschluss von der staatlichen Parteienfinanzierung, bei dem es auf ein Überschreiten der Potentialität nicht ankommt,[340] noch besteht.[341] Seine sachliche Rechtfertigung findet dieser Unterschied in den deutlich eingriffsintensiveren Rechtsfolgen des Parteiverbotes.

2. Das Verhältnis von Parteiverbot i. S. d. Art. 21 Abs. 2 GG und Finanzierungsausschluss i. S. d. Art. 21 Abs. 3 GG

Auch wenn der Finanzierungsausschluss im Vergleich zum Parteiverbot mit weniger eingriffsintensiven Rechtsfolgen verbunden ist und daher insgesamt als das mildere Mittel erscheint, folgt daraus allerdings nicht etwa, dass aus dem Grundsatz der Verhältnismäßigkeit das Gebot resultieren würde, eine Partei vor einem Parteiverbot zunächst mit einem Finanzierungsausschluss zu belegen. Vielmehr besteht für die antragsberechtigten Organe ein in ihr politisches Ermessen gestelltes Wahlrecht, ob gegen eine verfassungsfeindliche Partei, die die Potentialitätsschwelle überschreitet, ein Parteiverbotsverfahren oder ein Finanzierungsausschlussverfahren eingeleitet werden soll. Zwar ergibt sich aus der Entstehungsgeschichte von Art. 21 Abs. 3 GG, dass ein Finanzierungsausschluss im besten Fall verhindern soll, dass eine Partei das Merkmal der Potentialität erfüllt.[342] Das hindert jedoch die antragsberechtigten Organe nicht, einen Antrag auf Finanzierungsausschluss auch bei einer Partei zu stellen, die die Potentialitätsschwelle bereits überschritten hat: Art. 21 Abs. 3 GG ist nicht etwa in dem Sinne zu verstehen, dass ein solcher Antrag nur für Parteien in Betracht kommt, deren gegen die Schutzgüter des Art. 21 Abs. 2 GG gerichtetes Handeln keine Aussicht auf Erfolg hat.[343] Demgemäß bleibt es der politischen Einschätzung der staatlichen Organe überlassen, ob sie einen Antrag auf Parteiverbot oder auf Ausschluss aus der staatlichen Parteienfinanzierung stellen – oder aber auf eine entsprechende Antragsstellung verzichten.[344]

3. Exkurs: Das Verbot von Jugendorganisationen politischer Parteien

Nicht zuletzt erfüllt der Wandel des Parteiensystems schließlich auch die bekannte, aber bislang nur theoretisch relevante Frage mit Aktualität, auf welcher Grundlage ein etwaiges Verbot von Jugendorganisationen politischer Parteien erlassen werden kann. Unmittelbarer Anlass hierfür ist die AfD-Jugendorganisation „Junge Alternative", die 2019 zunächst vom Bundesamt für Verfassungsschutz zum Verdachtsfall erklärt wurde,[345] seit 2023 jedoch von diesem – was das VG Köln im einstweiligen Rechtsschutz mit Beschluss vom 5. Februar

2024 bestätigt hat – als „gesicherte extremistische Bestrebung" geführt wird.[346] Damit könnte sich in absehbarer Zukunft die Frage stellen, auf welchem Wege derartige Jugendorganisationen politischer Parteien verboten werden können – und, ob ein solches Verbot erfolgen kann, ohne die jeweilige Partei zu verbieten.[347] Da die Jugendorganisationen nicht selbst Parteien sind, hängt die Beantwortung dieser Frage davon ab, ob sie als Teil ihrer jeweiligen politischen Mutterparteien zu betrachten sind – mit der Folge, dass für sie das Parteienrecht anwendbar ist und sich ihr Verbot nach Art. 21 Abs. 2 GG richtet –, oder ob sie selbständige Organisationen darstellen, die gemäß Art. 9 Abs. 2 GG i. V. m. § 3 VereinsG unter weniger anspruchsvollen Voraussetzungen durch das Bundesministerium des Innern und für Heimat verboten werden können.[348]

Zum Teil wird diesbezüglich auf eine funktionale Betrachtung abgestellt, der zufolge entscheidend sein soll, ob die betreffenden Jugendorganisationen im gegenseitigen Einverständnis zur Aufgabenerfüllung der Partei beitragen und insofern „qualifizierte Hilfsorganisationen" darstellen.[349] In der Konsequenz eines derartigen Ansatzes liegt die generelle Anwendung des Parteienrechts auf Jugendorganisationen politischer Parteien. Eine solche, pauschale Ausdehnung des Anwendungsbereichs von Art. 21 GG auf Organisationen, die die Voraussetzungen des Parteibegriffs selbst nicht erfüllen, lässt sich indes mit dem Wortlaut dieser Vorschrift nur schwerlich vereinbaren.[350] Angesichts dessen spricht in Anknüpfung an eine Unterscheidung, die das Bundesverfassungsgericht in seinen Urteilen zum SRP- und zum KPD-Verbot angelegt[351] und der aus dem Jahre 1959 stammende Regierungsentwurf zum Parteiengesetz aufgegriffen hat,[352] viel für eine differenzierende Betrachtung, die die Anwendung des Parteienrechts davon abhängig macht, ob die betreffende Jugendorganisation in eine Partei eingegliedert ist und nach dem Gesamtbild der tatsächlichen Verhältnisse als deren abhängiger Teil erscheint.[353] Ist dies der Fall, kann sie als sog. „Teil"- oder „Sonderorganisation" der Partei betrachtet werden, die grundsätzlich dem Parteienrecht und damit auch dem Parteienprivileg unterliegt, während sie andernfalls – im Falle ihrer Verselbständigung – als sog. „Nebenorganisation" zu behandeln ist, auf die im Falle eines Verbots Art. 9 Abs. 2 GG anzuwenden ist.[354] Das zeigt an, dass es die politischen Parteien als Folge ihrer Parteienfreiheit auf der einen Seite selbst in der Hand haben, ihre Jugendorganisationen entweder rechtlich-organisatorisch zu integrieren oder zu verselbständigen, dass hiermit auf der anderen Seite aber auch rechtlich unterschiedliche Konsequenzen verbunden sind bzw. sein können. Für eine Teil- oder Sonderorganisation sprechen hierbei eine vollständige oder weitgehende Identität des Mitgliederbestandes, programmatische Verflechtungen sowie wirtschaftliche oder organisatorische Abhängigkeiten einer Jugendorganisation von der Partei;[355] umgekehrt sind eine rechtliche Verselbständigung, ein eigener Mitgliederbestand und ein selbständiges Handeln Indizien für eine Nebenorganisation.[356]

Von der ihnen zur Verfügung stehenden Möglichkeit, die rechtliche Stellung ihrer Jugendorganisationen unterschiedlich auszugestalten, machen die politischen Parteien regen Gebrauch.[357] Während etwa die „Jungsozialisten" als Arbeitsgemeinschaft und damit als unselbständiger Teil der SPD organisiert sind[358] und auch die „Grüne Jugend" als Teilorganisation der Partei Bündnis90/Die Grünen erscheint,[359] ist die der Union nahestehende „Junge Union" stärker verselbständigt.[360] Das gilt auch für die „Jungen Liberalen" als Jugendorganisation der FDP[361] sowie für die „Linksjugend solid", den parteinahen Jugendverband der Partei „Die Linke",[362] die beide jeweils eingetragene Vereine sind. Auch die AfD-

Jugendorganisation „Junge Alternative" ist ausweislich der AfD-Bundessatzung als ein „eigenständiger Verein" verfasst, der über „Satzungs-, Programm-, Finanz- und Personalautonomie" verfügt;[363] zudem ist die Mitgliedschaft in der AfD keine Voraussetzung für eine Mitgliedschaft in der „Jungen Alternative".[364] Obgleich sie ausweislich der AfD-Bundessatzung als „Innovationsmotor der AfD" dienen soll und das Ziel verfolgt, „das Gedankengut der Partei in ihrem Wirkungskreis zu verbreiten sowie die besonderen Anliegen der Jugend innerhalb der AfD zu vertreten," sprechen in ihrem Falle die überwiegenden Gründe – ihre fehlende organisatorische Eingliederung in die Partei und ihre rechtliche Unabhängigkeit – dafür, dass es sich bei ihr um eine Nebenorganisation handelt. Für ein Verbot wären folglich Art. 9 Abs. 2 GG und § 3 VereinsG maßgeblich.[365]

Ein solches Verbot kommt gem. § 3 Abs. 1 Satz 1 VereinsG u. a. dann in Betracht, wenn sich der betroffene Verein gegen die verfassungsmäßige Ordnung richtet. Hierfür muss einerseits, anders als im Falle des „darauf Ausgehens" i. S. d. Art. 21 Abs. 2 GG, das Merkmal der Potentialität nicht vorliegen;[366] andererseits entspricht die verfassungsmäßige Ordnung i. S. d. § 3 Abs. 1 Satz 1 VereinsG inhaltlich der freiheitlichen demokratischen Grundordnung i. S. d. Art. 21 Abs. 2 und 3 GG.[367] Dass sich die Jugendorganisation einer bundesweit agierenden Partei gegen diese Ordnung richtet, liegt nahe, wenn sie vom Verfassungsschutz als gesichert extremistische Bestrebung eingestuft wird. Das in einem solchen Fall gem. § 3 Abs. 2 Satz 1 Nr. 2 VereinsG als Verbotsbehörde zuständige Bundesministerium des Innern und für Heimat müsste diesbezüglich eine eigenständige Prüfung und Bewertung vornehmen, könnte allerdings auf der Grundlage von § 4 Abs. 1 VereinsG das Bundesamt für Verfassungsschutz oder die Landesämter für Verfassungsschutz ersuchen, das zusammengetragene Beobachtungsmaterial zu übermitteln.

Soweit die Jugendorganisationen politischer Parteien demgegenüber Teilorganisationen ihrer jeweiligen Parteien sind, könnte ihr etwaiges Verbot nur auf der Grundlage von Art. 21 Abs. 2 GG erfolgen.[368] Allerdings kennt das geltende Recht die Möglichkeit eines isolierten Verbotsantrags für die Sonderorganisationen einer Partei nicht. Das Bundesverfassungsgericht kann ein Parteiverbot zwar nach § 46 Abs. 2 BVerfGG „auf einen rechtlich oder organisatorisch selbständigen Teil einer Partei" beschränken; und gerade Jugendorganisationen werden im Schrifttum als Beispiel für ein solches, auf selbständige Teilorganisationen begrenztes Verbot genannt.[369] Da der Wortlaut des § 43 Abs. 1 BVerfGG für den Antrag auf die Gesamtpartei abstellt,[370] wird jedoch im Schrifttum weitgehend verneint, dass der Antrag im Parteiverbotsverfahren auf einen selbständigen Teil der Partei beschränkt werden kann.[371] Insofern besteht eine Lücke im Instrumentarium der wehrhaften Demokratie. Allerdings dürfte es als Abhilfe kaum ausreichen, die Möglichkeit eines isolierten Verbotsantrags in das einfache Recht – namentlich in § 43 BVerfGG – aufzunehmen. Denn für die Einführung eines solchen Instruments bräuchte es dessen Einpassung auch in materieller Hinsicht, namentlich mit Blick auf die bundesverfassungsgerichtlich geforderte Potentialität, an der es im Falle isoliert zu betrachtender Jugendorganisationen in der Regel fehlen dürfte. Daher wäre letztlich wohl eine (erneute) Änderung bzw. Ergänzung von Art. 21 GG erforderlich.[372]

D. Schlussbemerkungen

Insgesamt bestätigt sich nach alledem, dass der Wandel des Parteiensystems denkbar vielfältige Implikationen für Begriff, Funktion, verfassungsrechtliche Stellung sowie gesetzliche Regulierung der politischen Parteien nach sich zieht und sich so auf sämtliche Bereiche des Parteienrechts auswirkt. Die hieraus resultierenden Herausforderungen gelten zuvörderst den politischen Parteien selbst, deren Erneuerungskraft vor allem für die Schließung von Repräsentationslücken und die Verbesserung der Synchronisation von Volks- und Staatswillensbildung wesentlich ist; sodann dem Gesetzgeber, ggf. auch dem verfassungsändernden Gesetzgeber, der das die politischen Parteien betreffende Recht stabilisierend fortzuentwickeln hat; zudem der Exekutive, die dieses Recht gleichheitsgerecht zur Anwendung zu bringen hat; ferner der Rechtsprechung – insbesondere der Verfassungsgerichtsbarkeit –, die die verfassungsrechtlichen Fundamentalverbürgungen von Parteienfreiheit und -gleichheit auch unter den Bedingungen politischer Polarisierung nüchtern und unparteiisch zu sichern hat; schließlich der Staatsrechtslehre, die etwaigen Schwächen oder Lücken des geltenden Rechts nachzuspüren und Vorschläge zu dessen Verbesserung zu unterbreiten hat, weil ihr bewusst ist, dass auch für die parlamentarische Demokratie der Zukunft gilt, was *Hans Kelsen* bereits vor rund einhundert Jahren konstatierte: dass sie „auf den politischen Parteien [beruht]".

Anmerkungen

1 *Hans Kelsen*, Vom Wesen und Wert der Demokratie, hier zitiert nach dem zweiten Neudruck der 2. Aufl. 1929, Tübingen 1981, S. 19.

2 Hierzu und zum Folgenden *Dieter Grimm*, Politische Parteien, in: Benda/Maihofer/Vogel (Hrsg.), HdbVerfR, 2. Aufl., Berlin 1994, § 14 Rn. 6 und 28 (dort auch die Formulierung).

3 Dieser Konstitutionalisierung der Parteien treten weitere Vorkehrungen gegen eine Verselbständigung der staatlichen Organe an die Seite, zuvörderst die Anordnung einer periodisch durchzuführenden Wahl; vgl. dazu nur Art. 39 Abs. 1 GG.

4 Damit geht das Grundgesetz zugleich über die verfassungsrechtliche Inkorporation der Parteien im Sinne der historischen Stufenfolge *Heinrich Triepels* hinaus. Dieser Stufung zufolge hat das staatliche Verhalten gegenüber den politischen Parteien, historisch betrachtet, von der Bekämpfung über die Ignorierung und Legalisierung bis zu deren Inkorporation in die Verfassung geführt; siehe hierzu *Heinrich Triepel*, Die Staatsverfassung und die politischen Parteien, Berlin 1928, S. 12.

5 Zur Konturenarmut des Begriffs *Philip Kunig*, Parteien, in: Isensee/Kirchhof (Hrsg.), HStR, Bd. III, 3. Aufl., Heidelberg 2005, § 40 Rn. 21 f.; *Dieter Grimm*, Politische Parteien, in: Benda/Maihofer/Vogel (Hrsg.), HdbVerfR, 2. Aufl., Berlin 1994, § 14 Rn. 12; *Markus Heintzen*, Die politischen Parteien, in: Stern/Sodan/Möstl (Hrsg.), Das Staatsrecht der Bundesrepublik Deutschland im europäischen Staatenverbund, Bd. II, 2. Aufl., München 2022, § 32 Rn. 36.

6 *BVerfGE* 85, 264 (284) – Parteienfinanzierung II; *BVerfGE* 91, 276 (285) – Parteibegriff II.

7 *BVerfGE* 85, 264 (284) – Parteienfinanzierung II; *Philip Kunig*, Politische Parteien im Grundgesetz, in: JURA 1991, S. 247 ff. (248); *Jens Kersten*, in: ders./Rixen (Hrsg.), Parteiengesetz, Stuttgart 2009, § 1 Rn. 18 f.; *Winfried Kluth*, in: Epping/Hillgruber (Hrsg.), BeckOK Grundgesetz, München, Stand: 57. Edition 2024, Art. 21 Rn. 59; *Hans Hugo Klein*, in: Dürig/Herzog/Scholz (Hrsg.), GG, München, Stand: 103. Erg.-Lfg. (Januar 2024), Art. 21 Rn. 157.

8 Hierzu *BVerfGE* 20, 56 (98 f.) – Parteienfinanzierung I; *BVerfGE* 85, 264 (284) – Parteienfinanzierung II; vgl. auch *BVerfGE* 8, 104 (113) – Volksbefragung; *BVerfGE* 44, 125 (139 f.) – Öffentlichkeitsarbeit; *BVerfGE* 69, 315 (345 f.) – Brokdorf; *BVerfGE* 107, 339 (360) – NPD-Verbotsverfahren; *BVerfGE* 165, 206 (243 Rn. 106) – Absolute Obergrenze. Aus dem Schrifttum stellvertretend *Konrad Hesse*, Grundzüge des Verfassungsrechts der Bundesrepublik Deutschland, 20. Aufl., Heidelberg 1995 (Neudruck 1999), Rn. 149 ff.; *Karl-Peter Sommermann*, in: Huber/ Voßkuhle (Hrsg.), GG, 8. Aufl., München 2024, Art. 20 Abs. 1 Rn. 82.

9 Hierzu *BVerfGE* 20, 56 (98 f.) – Parteienfinanzierung I; *BVerfGE* 85, 264 (284) – Parteienfinanzierung II; vgl. auch *BVerfGE* 8, 104 (113) – Volksbefragung; *BVerfGE* 44, 125 (139 f.) – Öffentlichkeitsarbeit; *BVerfGE* 69, 315 (345 f.) – Brokdorf; *BVerfGE* 107, 339 (360) – NPD-Verbotsverfahren; *BVerfGE* 165, 206 (243 Rn. 106) – Absolute Obergrenze. – Zur öffentlichen Meinung als „Vorformung der politischen Willensbildung des Volkes" *BVerfGE* 8, 104 (113) – Volksbefragung; *BVerfGE* 20, 56 (98) – Parteienfinanzierung I.

10 *Walter Schmitt Glaeser*, Die grundrechtliche Freiheit des Bürgers zur Mitwirkung an der Willensbildung, in: Isensee/Kirchhof (Hrsg.), HStR, Bd. III, 3. Aufl., Heidelberg 2005, § 38 Rn. 27.

11 Zur Einflussnahme der Parteien auf die Entscheidung der staatlichen Organe und auf die Beeinflussung der Bildung des Staatswillens aus der Rechtsprechung *BVerfGE* 20, 56 (99) – Parteienfinanzierung I; *BVerfGE* 85, 264 (284) – Parteienfinanzierung II; *BVerfGE* 107, 339 (360) – NPD-Verbotsverfahren; vgl. auch *BVerfGE* 3, 19 (26) – Unterschriftenquorum; *BVerfGE* 5, 85 (134) – KPD-Verbot; *BVerfGE* 14, 121 (133) – FDP-Sendezeit; *BVerfG* NJW 2024, 645 (657 Rn. 243) – Finanzierungsausschluss NPD/Die Heimat.

12 *BVerfGE* 85, 264 (284 f.) – Parteienfinanzierung II; *BVerfGE* 91, 276 (285) – Parteibegriff II; *BVerfGE* 121, 50 (55) – Hessisches Privatrundfunkgesetz; *BVerfGE* 165, 206 (247 Rn. 116) – Absolute Obergrenze; *Walter Schmitt Glaeser*, Die grundrechtliche Freiheit des Bürgers zur Mitwirkung an der Willensbildung, in: Isensee/Kirchhof (Hrsg.), HStR, Bd. III, 3. Aufl., Heidelberg 2005, § 38 Rn. 27.

13 Hierzu aus der amerikanischen Diskussion etwa *James Roland Pennock*, Responsiveness, Responsibility and Majority Rule, in: The American Political Science Rev. 46 (1952), S. 790 ff. (790 f.); *Heinz Eulau/Paul D. Karps*, The Puzzle of Representation: Specifying Components of Responsiveness, in: Legislative Studies Quarterly, Vol. 2, No. 3 (1977), S. 233 ff. (238 ff.); *Hanna Fenichel Pitkin*, The Concept of Representation, Berkeley 1967, S. 232 ff.; aus der deutschen Politikwissenschaft stellvertretend *Herbert Uppendahl*, Repräsentation und Responsivität – Bausteine einer Theorie responsiver Demokratie, in: ZParl (12) 1981, S. 123 ff. (126); *Oscar W. Gabriel*, Responsivität im polarisierten Pluralismus – Teil 2: Die Rolle der Parteien, in: ZParl (55) 2024, S. 171 ff. (172); *Werner J. Patzelt*, Abgeordnete und Repräsentation: Amtsverständnis und Wahlkreisarbeit, Passau 1993, S. 43 f.; aus der deutschen Rechtswissenschaft *Christian Waldhoff*, Parteien-, Wahl- und Parlamentsrecht, in: Herdegen/Masing/Poscher/Gärditz (Hrsg.), Handbuch des Verfassungsrechts, München 2021, § 10 Rn. 2.

14 *Konrad Hesse*, Grundzüge des Verfassungsrechts der Bundesrepublik Deutschland, 20. Aufl., Heidelberg 1995 (Nachdruck 1999), Rn. 145.

15 *Hans Meyer*, Demokratische Wahl und Wahlsystem, in: Isensee/Kirchhof (Hrsg.), HStR, Bd. III, 3. Aufl., Heidelberg 2005, § 45 Rn. 1; *Christian Waldhoff*, Parteien-, Wahl- und Parlamentsrecht, in: Herdegen/Masing/Poscher/Gärditz (Hrsg.), Handbuch des Verfassungsrechts, München 2021, § 10 Rn. 65.

16 Dazu *Hans Meyer*, Demokratische Wahl und Wahlystem, in: Isensee/Kirchhof (Hrsg.), HStR, Bd. III, 3. Aufl., Heidelberg 2005, § 45 Rn. 14 ff.

17 Die hierin zum Ausdruck kommende Funktion der politischen Parteien wird als sog. „Wahlermöglichungsfunktion" bezeichnet; siehe hierzu *Julian Krüper*, Funktionen politischer Parteien, in: Morlok/Poguntke/Sokolov, Parteienstaat – Parteiendemokratie, Baden-Baden 2018, S. 69 ff. (77); *Winfried Kluth*, in: Epping/Hillgruber (Hrsg.), BeckOK Grundgesetz, München, Stand: 57. Edition 2024, Art. 21 Rn. 21; zu den Parteien als „Wahlvorbereitungsorganisationen" *Hinnerk Wißmann*, in: Kersten/Rixen (Hrsg.), Parteiengesetz, Stuttgart 2009, § 2 Rn. 29 ff.

18 *BVerfGE* 85, 264 (284 f.) – Parteienfinanzierung II unter Rekurs auf *BVerfGE* 20, 56 (114) – Parteienfinanzierung I; so auch *BVerfGE* 44, 125 (139 f.) – Öffentlichkeitsarbeit; *BVerfGE* 91, 262 (268) – Parteibegriff I; *BVerfGE* 154, 320 (335 Rn. 47) – Seehofer-Interview; *BVerfGE* 162, 207 (229 Rn. 73) – Äußerungsrecht Bundeskanzlerin.

19 *Ulrich von Alemann*, Die deutschen Parteien seit 1945, abrufbar unter https://www.bpb.de/themen/parteien/parteien-in-deutschland/42047/die-deutschen-parteien-seit-1945/ (15.6.2024). – Hierzu nachfolgend näher.

20 Hierzu und zum Folgenden *Everhard Holtmann*, Der Parteienstaat in Deutschland, 2. Aufl., Bonn 2017, S. 77 ff.

21 RGBl. I, S. 479. Zu den Hintergründen *Erich Matthias / Rudolf Morsey* (Hrsg.), Das Ende der Parteien 1933, Düsseldorf 1960.

22 Treffend so *Winfried Kluth*, in: Epping / Hillgruber (Hrsg.), BeckOK Grundgesetz, München, Stand: 57. Edition 2024, Art. 21 Rn. 3. Vgl. auch *Markus Heintzen*, in: Stern / Sodan / Möstl (Hrsg.), Das Staatsrecht der Bundesrepublik Deutschland im europäischen Staatenverbund, Bd. II, 2. Aufl., München 2022, § 32 Rn. 18 f. mit dem berechtigten Hinweis, dass für die DDR – in der zwar sog. Blockparteien bestanden, die indessen gleichgeschaltet waren – nichts anderes gilt. Einparteienstaaten betrachtet zu Recht als „Widerspruch in sich selbst" bereits *Herbert Krüger*, Allgemeine Staatslehre, 2. Aufl., Stuttgart 1966, S. 369 f.

23 Dazu und zum Weiteren *Everhard Holtmann*, Der Parteienstaat in Deutschland, 2. Aufl., Bonn 2017, S. 88 f., 129.

24 Im ersten Bundestag waren seinerzeit zehn Parteien vertreten. Siehe hierzu die statistische Gesamtübersicht des Deutschen Bundestages, abrufbar unter https://www.bundeswahlleiterin.de/bundestagswahlen/1949.html (15.6.2024); *Bernhard Vogel / Dieter Nohlen / Rainer-Olaf Schultze*, Wahlen in Deutschland. Theorie – Geschichte – Dokumente 1848 – 1970, Berlin 1971, S. 202; *Fritz Ossenbühl*, Die Parteien im System des Grundgesetzes, in: BayVBl. 2000, S. 161 ff. (167).

25 Für eine Aufteilung dieser Zeit in zwei Phasen *Markus Heintzen*, in: Stern / Sodan / Möstl (Hrsg.), Das Staatsrecht der Bundesrepublik Deutschland im europäischen Staatenverbund, Bd. II, 2. Aufl., München 2022, § 32 Rn. 22.

26 Zu den verfassungsrechtlichen Bedenken gegen parlamentsbezogene Positionen dieser Partei – namentlich zu Rotationsprinzip, imperativem Mandat sowie der Abführung der Abgeordnetendiäten – *Rupert Scholz*, Krise der parteienstaatlichen Demokratie?, Berlin 1983, S. 17 ff.; *Dieter Grimm*, Nochmals: Die Parteien im Rechtsstaat, in: DÖV 1983, S. 538 ff. (541); *Rolf Stober*, GRÜNE und Grundgesetz, in: ZRP 1983, S. 209 ff. (211 f.); *Klaus Dicke / Tobias Stoll*, Freies Mandat, Mandatsverzicht des Abgeordneten und das Rotationsprinzip der GRÜNEN, in: ZParl (16) 1985, S. 451 ff. (452); *Bernd Rebe*, Die erlaubte verfassungswidrige Rotation, in: ZParl (16) 1985, S. 468 ff. (470 f.); vgl. dazu insgesamt *Otto Kimminich*, Die Parteien im Rechtsstaat: Herausforderung durch die „Alternativen", in: DÖV 1983, S. 217 ff.

27 Zu Letzterem *Franz Walter*, Im Herbst der Volksparteien?, Bielefeld 2009, S. 99 ff.; *Elmar Wiesendahl*, Volksparteien: Aufstieg, Krise, Zukunft, Leverkusen 2011, S. 133 f.; *Sebastian Bukow / Uwe Jun*, Die repräsentative Demokratie in Bewegung?, in: dies. / Siegmund (Hrsg.),

Parteien in Bewegung, 1. Aufl., Baden-Baden 2021, S. 11 ff. (11); vgl. *Eveline Hermannseder*, Europas letzte große Volksparteien, Baden-Baden 2014, S. 303 ff.

28 *Ulrich von Alemann*, Die deutschen Parteien seit 1945, abrufbar unter https://www.bpb.de/themen/parteien/parteien-in-deutschland/42047/die-deutschen-parteien-seit-1945/ (15.6.2024).

29 Zu ihnen zählt etwa die Veränderung der kommunikativen Räume infolge von Digitalisierung und Entmediatisierung durch die sozialen Netzwerke, bei der die traditionellen Gatekeeper wie Presse oder Rundfunk entfallen; vgl. dazu komprimiert auch *Anna-Bettina Kaiser*, Die Organisation politischer Willensbildung: Parteien, in: VVDStRL 81 (2022), S. 117 ff. (131). – So nutzten im Jahre 2023 43% der Erwachsenen in Deutschland das lineare Fernsehen als wichtigste Nachrichtenquelle, 39% das Internet und 14% die sozialen Medien. In der Gruppe der 18- bis 24-Jährigen ist der letztgenannte Anteil mit 35% am größten. Für 15% der 18- bis 24-Jährigen stellen soziale Medien gar die einzige Quelle für Nachrichten dar. Siehe dazu *Julia Behre / Sascha Hölig / Judith Möller*, Reuters Institute Digital News Report 2023: Ergebnisse für Deutschland (Arbeitspapiere des Hans-Bredow-Instituts, 67), 2023, S. 5, im Internet abrufbar unter https://www.ssoar.info/ssoar/bitstream/handle/document/86851/ssoar-2023-behre_et_al-Reuters_Institute_Digital_News_Report.pdf?sequence=4&isAllowed=y&lnkname=ssoar-2023-behre_et_al-Reuters_Institute_Digital_News_Report.pdf (15.6.2024). Zu dieser Entwicklung kommt hinzu, dass in der jüngeren Vergangenheit die Glaubwürdigkeit der Berichterstattung der öffentlich-rechtlichen Fernsehsender ARD und ZDF abgenommen hat. Während etwa bei einer Befragung der Forschungsgruppe Wahlen – im Internet abrufbar unter https://www.zdf.de/zdfunternehmen/medienforschung-studien-122.html (15.6.2024) – Ende 2015 63% der Befragten angaben, ihr Vertrauen, dass die Sender wahrheitsgemäß berichten würden, sei groß oder sehr groß und lediglich 35% bekundeten, ihr diesbezügliches Vertrauen sei nicht groß oder fehle ganz, gaben im Januar 2024 nur noch 58% der Befragten an, ein großes oder sehr großes Vertrauen in die Glaubwürdigkeit der Berichterstattung zu besitzen, während nunmehr 40% der Befragten äußerten, insofern kein großes oder überhaupt kein Vertrauen zu besitzen. Hierbei ist allerdings zu berücksichtigen, dass nach der 17. Umfrage der Forschungsgruppe Wahlen zur Glaubwürdigkeit von verschiedenen Medien bzw. Mediengattungen – im Internet abrufbar unter https://www.zdf.de/zdfunternehmen/glaubwuerdigkeit-medien-fernsehnachrichten-104.html (15.6.2024) – auch entsprechende

Bewertungen anderer abgefragter Mediengattungen (wie z. B. die überregionaler oder regionaler Tageszeitungen) in der jüngeren Vergangenheit zurückgegangen ist. Gleichwohl fällt auf, dass der Rückgang der Glaubwürdigkeit etwa bei überregionalen Tageszeitungen im Zeitraum der letzten knapp fünf Jahre auf einer Skala von +5 bis -5 nur halb so groß (von 2,5 Ende 2019 auf 2,2 im November 2023) ausfällt wie der der öffentlich-rechtlichen Sender (von 2,2 Ende 2019 auf 1,6 im November 2023). Der Glaubwürdigkeitsverlust der öffentlich-rechtlichen Sender erfasst auch die Nachrichten von ARD (von 3,0 Ende 2019 auf 2,1 im November 2023) und ZDF (von 2,9 Ende 2019 auf 2,0 im November 2023 (Angaben aus der 17. Umfrage der Forschungsgruppe Wahlen, a. a. O.). Freilich rangieren die öffentlich-rechtlichen Rundfunksender damit nach wie vor erheblich vor der Glaubwürdigkeit der Nachrichten privater Fernsehsender wie SAT.1 oder RTL. Zuletzt hierzu auch *Marcus Maurer/Simon Kruschinski/Pablo Jost*, Fehlt da was? Perspektivenvielfalt in den öffentlich-rechtlichen Nachrichtenformaten, 2024, im Internet abrufbar unter https://www.polkom.ifp.uni-mainz.de/files/2024/01/pm_perspektivenvielfalt.pdf (15.6.2024), S. 18, deren Studie zeigt, dass in allen neun öffentlich-rechtlichen Formaten die Berichte insgesamt eher eine sozialstaatliche als eine marktliberale Perspektive einnehmen und in sieben der neun Formate liberal-progressive Perspektiven konservative Sichtweisen überwiegen. Zu dieser Studie *Michael Hanfeld*, Leicht nach links geneigt – Nachrichten bei ARD und ZDF, in: FAZ vom 14. Februar 2024, Nr. 39, S. 9, im Internet abrufbar unter https://www.faz.net/aktuell/feuilleton/medien/sind-oeffentlich-rechtlichen-sender-zu-links-studie-der-uni-mainz-19519471.html#void (15.6.2024). – Zu den Auswirkungen der Digitalisierung auf die politischen Parteien siehe *Jakob Schemmel*, in: Der Staat 57 (2018), S. 501 ff. (504); *Martin Hilbert*, Digitalisierung demokratischer Prozesse, Berlin 2007, S. 235 ff.; *Annika Döweling*, Digitalisierung innerparteilicher Entscheidungsrechte, Berlin 2019, passim; *Philip Manow*, (Ent-)Demokratisierung der Demokratie, Berlin 2020, S. 110 ff.; *Volker Boehme-Neßler*, Das Ende der Demokratie?, Berlin 2021, S. 79; *Philip N. Howard*, Lügenmaschinen: Wie man die Demokratie vor Troll-Armeen, betrügerischen Robotern, Junk-News-Operationen und Polit-Agenten rettet, in: Bogner/Nentwich/Scherz/Decker (Hrsg.), Digitalisierung und die Zukunft der Demokratie, Baden-Baden 2022, S. 69 ff.; siehe zur Transformation der repräsentativen Demokratie insgesamt auch die Studie von *Julian Nida-Rümelin*, Demokratie in der digitalen Transformation, 2022, S. 22 ff., im Internet abrufbar unter https://koerber-stiftung.de/site/assets/files/26195/demokratie_in_der_digitalen_transformation.pdf (15.6.2024).

30 *Everhard Holtmann*, Der Parteienstaat in Deutschland, 2. Aufl., Bonn 2017, S. 129; ebenso *Markus Heintzen*, in: Stern / Sodan / Möstl (Hrsg.), Das Staatsrecht der Bundesrepublik Deutschland im europäischen Staatenverbund, Bd. II, 2. Aufl., München 2022, § 32 Rn. 22. Vgl. auch *Winfried Kluth*, in: Epping / Hillgruber (Hrsg.), BeckOK Grundgesetz, München, Stand: 57. Edition 2024, Art. 21 Rn. 3.

31 *Franz Walter*, Im Herbst der Volksparteien?, Bielefeld 2009, S. 99 ff.; *Eveline Hermannseder*, Europas letzte große Volksparteien, Baden-Baden 2012, S. 303 ff.; *Adam Przeworski*, Krisen der Demokratie, Berlin 2020, S. 163; vgl. *Sebastian Bukow / Uwe Jun*, Die repräsentative Demokratie in Bewegung?, in: dies. / Siegmund (Hrsg.), Parteien in Bewegung, 1. Aufl., Baden-Baden 2021, S. 11 ff. (11).

32 *Anders Widfeldt*, Party Membership and Party Representativeness, in: Klingemann / Fuchs (Hrsg.), Citizens and the State, Oxford 1995, S. 134 ff.; *Peter Mair / Ingrid van Biezen*, Party Membership in Twenty European Democracies 1980–2000, in: Party Politics 7 (2001), S. 5 ff. (13); *Ingrid van Biezen / Peter Mair / Thomas Poguntke*, Going, Going,... Gone? The Decline of Party Membership in Contemporary Europe, in: European Journal of Political Research 51 (2012), S. 24 ff. (30 ff.); *Peter Mair*, Ruling the Void. The Hollowing of Western Democracy, London 2013, S. 37 ff. m. w. N.

33 Siehe dazu *Thomas Poguntke*, Towards a New Party System: The Vanishing Hold of the Catch-all Parties in Germany, in: Party Politics 20 (2014), S. 950 ff. (951); *Richard Hilmer / Jérémie Gagné*, Die Bundestagswahl 2017: GroKo IV – ohne Alternative für Deutschland, in: ZParl (49) 2018, S. 372 ff. (372); *Elmar Wiesendahl*, Volksparteien: Aufstieg, Krise, Zukunft, Leverkusen 2011, S. 134 f.

34 Siehe dazu die Übersicht ihrer seit 1949 bei Bundestagswahlen erzielten Wahlergebnisse auf https://www.bundestag.de/parlament/wahlen/ergebnisse_seit1949-244692 (15.6.2024).

35 Hatte er bei den Bundestagswahlen von 1998 und 2002 noch bei 76,1 % bzw. bei 77 % gelegen, sank er bei den Wahlen von 2005 und 2009 zunächst auf 69,4 % und sodann auf 56,8 %. Nachdem er bei den Bundestagswahlen 2013 nochmals auf 67,2 % angestiegen war, fiel er 2017 auf 53,4 % und dann 2021 auf den vorstehend ausgewiesenen historischen Tiefpunkt. Zu alledem https://www.bundestag.de/parlament/wahlen/ergebnisse_seit1949-244692 (15.6.2024).

36 Siehe hierzu die Übersicht auf https://www.bundestag.de/parlament/wahlen/ergebnisse_seit1949-244692 (15.6.2024).

37 Als Volkspartei bezeichnet die Politikwissenschaft einen Parteitypus, der durch eine schichten- und generationenübergreifende sowie weltanschaulich verbindende programmatische Ausrichtung breite Wählerschichten zu erschließen sucht, um dadurch Relevanz für die Bildung strategischer Mehrheiten zu gewinnen, vgl. *Hans-Joachim Veen*, Volksparteien: Die fortschrittlichste Organisationsform politischer Willensbildung, in: ZParl (30) 1999, S. 377 ff. (377); *Gordon Smith*, The German Volkspartei and the Career of the Catch-All Concept, in: Döring / Smith (Hrsg.), Party Government and Political Culture in Western Germany, London 1982, S. 59 ff.; *Alf Mintzel*, Die Volkspartei, Wiesbaden 1984, S. 23 ff.; *Thomas Pogundtke*, Parteiorganisation in der Bundesrepublik Deutschland: Einheit in der Vielfalt?, in: Gabriel / Niedermayer / Stöss (Hrsg.), Parteiendemokratie in Deutschland, Wiesbaden 2002, S. 253 ff. (257 f.); *Elmar Wiesendahl*, Volksparteien, in: Nohlen / Schultze (Hrsg.), Lexikon der Politikwissenschaft, Bd. 2, 3. Aufl., München 2005, S. 1117 f.; *Hans Herbert von Arnim*, Volksparteien ohne Volk, München 2009, S. 187. – Eine tragende Rolle bei dieser Charakterisierung spielen die von *Otto Kirchheimer* benannten Eigenschaften einer „Catch-all-Partei", zu denen er ein nachdrückliches Beiseiteschieben ideologischer Positionen, die Abkehr von einer Wählerschaft auf Klassen- oder Konfessionsbasis, die Kontaktpflege gegenüber wählerstimmenerschließenden Interessengruppen, eine Stärkung der Personen an der Parteispitze und eine Entwertung des Einflusses einzelner Parteimitglieder zählt (*Otto Kirchheimer*, Der Wandel des westeuropäischen Parteiensystems, in: Politische Vierteljahresschrift 6 [1965], S. 20 ff. [32 f.]). – Auf dieser Grundlage ist für die Eigenschaft als Volkspartei mitentscheidend, dass die betreffende Partei über eine Wählerschaft verfügt, die einen beträchtlichen Anteil des Wahlvolkes ausmacht. Aus politikwissenschaftlicher Perspektive wird hierfür verlangt, dass mindestens ein Viertel der Wähler wiederholt für eine betreffende Partei votiert, so namentlich *Eckhard Jesse*, Krise (und Ende?) der Volksparteien, in: APuZ 26–27/2021, S. 39 ff. (40). Angesichts dessen dürfte der Status als Volkspartei entfallen, wenn eine Partei dauerhaft die 25 %-Marke unterschreitet. Bei der SPD war dies bereits bei den Bundestagswahlen 2009 (Zweitstimmenanteil: 23,0 %) und 2017 (Zweitstimmenanteil: 20,5 %) der Fall, während es ihr bei den Bundestagswahlen 2013 (Zweitstimmenanteil: 25,7 %) und 2021 (Zweitstimmenanteil erneut: 25,7 %) gelang, die 25 %-Hürde zu nehmen; siehe hierzu die Bundestagswahlergebnisse, im Internet abrufbar

unter https://www.bundestag.de/parlament/wahlen/ergebnisse_seit194
9-244692 (15.6.2024).

38 *Gero Neugebauer*, Politische Milieus in Deutschland, Berlin 2007, S. 68 ff.; *Oscar W. Gabriel*, Politische Milieus. Individualisierung und der Wandel der Strukturen des Parteienwettbewerbs in Deutschland, in: Breit/Massing (Hrsg.), Soziale Milieus, Wiesbaden 2011, S. 11 ff. (21 ff.); *Bernhard Schäfers*, Sozialstruktur und sozialer Wandel in Deutschland, Konstanz 2012, S. 235; *Peter Mair*, Ruling the Void. The Hollowing of Western Democracy, London 2013, S. 56 ff. m. w. N.; *Michael Hofmann/Dieter Rink*, Vom Arbeiterstaat zur de-klassierten Gesellschaft? in: Bremer/Lange-Vester (Hrsg.), Soziale Milieus und Wandel der Sozialstruktur, 2. Aufl., Wiesbaden 2014, S. 262 ff. (274); *Franck Decker*, Parteiendemokratie im Wandel, 2. Aufl., Baden-Baden 2018, S. 271.

39 *Werner J. Patzelt*, „Repräsentationslücken" im politischen System Deutschlands? Der Fall PEGIDA, in: ZSE (13) 2015, S. 99 ff. (117 f.); *ders.*, Mängel in der Responsivität oder Störung in der Kommunikation? Deutschlands Repräsentationslücke und die AfD, in: ZParl (49) 2018, S. 885 ff. (885 f.).

40 *Helmuth Schulze-Fielitz*, Die Integrationskraft politischer Parteien im Wandel, in: Krüper/Merten/Pogundtke (Hrsg.), Parteienwissenschaften, Baden-Baden 2015, S. 105 ff. (109).

41 Eigene Berechnung, basierend auf den Angaben zu den Mitgliederzahlen der Parteien von statista, abrufbar unter https://de.statista.com/statistik/daten/studie/1140195/umfrage/entwicklung-der-mitgliederzahlen-der-politischen-parteien-in-deutschland/ und der Bundeszentrale für politische Bildung, abrufbar für die SPD unter https://www.bpb.de/themen/parteien/wer-steht-zur-wahl/europawahl-2024/5 47853/sozialdemokratische-partei-deutschlands/, für die CDU unter https://www.bpb.de/themen/parteien/wer-steht-zur-wahl/europawahl-2024/547851/christlich-demokratische-union-deutschlands/ und für die CSU unter https://www.bpb.de/themen/parteien/wer-steht-zur-wahl/europawahl-2024/547852/christlich-soziale-union-in-bayern-e-v/ (allesamt 15.6.2024). – Zur Mitgliederentwicklung insgesamt *Oskar Niedermayer*, Parteimitgliedschaften im Jahre 2022, in: ZParl (54) 2023, S. 376 ff. (381); zu Details des Mitgliederverlustes zwischen 1990 und 2010 zuvor *ders.*, Parteimitgliedschaften im Jahre 2020, in: ZParl (52) 2021, S. 373 ff. (379 f.). Für eine Analyse der Daten seit 1946 vgl. *ders.*, in: Niedermayer (Hrsg.), Handbuch Parteienforschung, Wiesbaden 2013, S. 147 ff. Siehe hierzu auch *Elmar Wiesendahl/Benjamin Höhne/Malte Cordes*, Mitgliederparteien – Niedergang ohne Ende?, in: ZParl (49)

2018, S. 304 ff. (309); *Oskar Niedermayer*, Die Entwicklung der Parteimitgliedschaften in der Bundesrepublik Deutschland, in: von Alemann/Morlok/Spier (Hrsg.), Parteien ohne Mitglieder?, Baden-Baden 2013, S. 17 ff. Zum Rückgang der Mitgliederzahlen siehe ferner *Katharina Rohrbach*, Warum treten Mitglieder aus Parteien aus?, in: Spier/Klein/von Alemann/Hoffmann/Laux/Nonnenmacher/Rohrbach (Hrsg.), Parteimitglieder in Deutschland. Ergebnisse der deutschen Parteimitgliederstudie 2009, Wiesbaden 2011, S. 177 ff. (177). Prognose über die zukünftige Entwicklung der Mitgliederzahlen bei *Ingrid Reichart-Dreyer*, Ist der Mitgliederschwund der Parteien wirklich irreversibel?, in: ZParl (51) 2020, S. 212 ff. – Auf den Umstand, dass der Mitgliederverlust der politischen Parteien in Deutschland im Vergleich mit anderen Staaten Westeuropas relativ moderat ausfällt, verweisen etwa *Peter Mair/Ingrid van Biezen*, Party Membership in Twenty European Democracies 1980–2000, in: Party Politics 7 (2001), S. 5 ff. (13); *Ingrid van Biezen/Peter Mair/Thomas Poguntke*, Going, Going,… Gone? The Decline of Party Membership in Contemporary Europe, in: European Journal of Political Research 51 (2012), S. 24 ff.

42 *Elmar Wiesendahl*, Parteien, Frankfurt am Main 2006, S. 54 ff.; *Frank Decker*, Parteien und Parteiensysteme in Deutschland, Stuttgart 2011, S. 92 ff.; vgl. *ders.*, Parteiendemokratie im Wandel, Baden-Baden 2018, S. 271 ff.; zusammenfassend *ders.*, Politische Parteien: Begriff und Typologien, 2022, abrufbar unter https://www.bpb.de/themen/parteien/parteien-in-deutschland/42045/politische-parteien-begriff-und-typologien/ (15.6.2024); eingehend *Paul Lucardie*, Zur Typologie der politischen Parteien, in: Decker/Neu (Hrsg.), Handbuch der deutschen Parteien, 3. Aufl., Berlin 2018, S. 41 ff. (50).

43 Alternative begriffliche Kennzeichnungen bilden etwa die Wendung von der „modernen Kaderpartei" (so *Ruud Koole*, Cadre, Catch-All or Cartel? A Comment on the Notion of Cartel Party, in: Party Politics 2 [1996], S. 507 ff. [520]), die Bezeichnung als „Partei der Berufspolitiker" (so *Klaus von Beyme*, Funktionenwandel der Parteien in der Entwicklung von der Massenmitgliederpartei zur Partei der Berufspolitiker, in: Gabriel/Niedermayer/Stöss [Hrsg.], Parteiendemokratie in Deutschland, Wiesbaden 2002, S. 315 ff. [326]) oder der Begriff der „Medienkommunikationspartei" (*Uwe Jun*, Typen und Funktionen von Parteien, in: Niedermayer [Hrsg.], Handbuch Parteienforschung, Wiesbaden 2013, S. 119 ff. [137 f.]). – Für eine Kennzeichnung durch das Konzept der sog. „Kartellpartei", deren äußere Anzeichen vor allem in einer Ausrichtung auf die staatliche Parteienfinanzierung und in einer parteipolitischen

Ämterpatronage gesehen werden, in deren Folge die Bedeutung der Mitgliedschaft in einer Partei minimiert und die Mitwirkung an der politischen Willensbildung des Volkes relativiert werden, *Richard Katz / Peter Mair*, Changing Models of Party Organization and Party Democracy. The Emergence of the Cartel Party, in: Party Politics (1) 1995, S. 5 ff. (22.). Kritik an diesem Konzept bei *Ruud Koole*, Cadre, Catch-All or Cartel? A Comment on the Notion of Cartel Party, in: Party Politics 2 (1996), S. 507 ff. (515 f.); *Thomas Poguntke*, Zur empirischen Evidenz der Kartellparteien-These, in: ZParl (33) 2002, S. 790 ff.; *Klaus Detterbeck*, Der Wandel politischer Parteien in Westeuropa, Wiesbaden 2002, S. 18 ff. und passim.

44 *Richard Katz / Peter Mair*, Changing Models of Party Organization and Party Democracy, in: Party Politics (1) 1995, S. 5 ff. (22.); *Angelo Panebianco*, Political Parties: Organization and Power, Cambridge 1988, S. 264 f.; *Frank Decker*, Parteien und Parteiensysteme in Deutschland, Stuttgart 2011, S. 95 f.; *Klaus von Beyme*, Parteien im Wandel. Von den Volksparteien zu den professionalisierten Wählerparteien, Wiesbaden 2000, S. 208 und passim; *ders.*, Funktionenwandel der Parteien in der Entwicklung von der Massenmitgliederpartei zur Partei der Berufspolitiker, in: Gabriel / Niedermayer / Stöss (Hrsg.), Parteiendemokratie in Deutschland, Wiesbaden 2002, S. 315 ff. (328); ebenso etwa *Hans Peter Bull*, Die Krise der politischen Parteien, Tübingen 2020, S. 38.

45 Unter dem Aspekt der zum Teil hieraus gezogenen Konsequenzen für die staatliche Parteien(-teil-)finanzierung S. 47 ff.

46 *Ulrich von Alemann*, Die deutschen Parteien seit 1945, abrufbar unter https://www.bpb.de/themen/parteien/parteien-in-deutschland/42047/die-deutschen-parteien-seit-1945/ (15.6.2024).

47 *Kevin Gallant* konstatiert unter der Überschrift „Gründerstimmung. Es gab noch nie so viele Parteineugründungen wie jetzt – warum? Und wer sind die Neuen?", in: Der Spiegel 43/2023 vom 20. Oktober 2023, dass Deutschland derzeit eine Welle an Gründungen erlebe.

48 Die DAVA ist derzeit (noch) eine sog. sonstige politische Vereinigung, hat jedoch angekündigt, sich in eine Partei umwandeln zu wollen; siehe hierzu die Äußerungen ihres Vorsitzenden, *Teyfik Özcan*, in SZ vom 1. Februar 2024, abrufbar unter https://www.sueddeutsche.de/politik/dava-erdogan-gruppierung-bundestagswahl-partei-deutschland-tuerkei-1.6342101 (15.6.2024). Näher zur DAVA S. 21 ff.

49 So verfügt etwa „Die Partei" über mehr als 53.000 Mitglieder (BT-Drs. 20/10490, S. 51), die „Piratenpartei" über 5.600 Mitglieder (BT-Drs. 20/10490, S. 155). Der Partei „Die Linke" gehören über 54.000 Mitglieder an (BT-Drs. 20/10430, S. 365), der Partei „Freie Wähler" 7.400 Mitglieder (BT-Drs. 20/10490, S. 19). Die „AfD" hat eigenen Angaben zufolge über 40.000 Mitglieder (vgl. die Meldung der Zeit, abrufbar unter https://www.zeit.de/politik/deutschland/2024-01/afd-zuwachs-januar-parteimitglieder-austritte [15.6.2024]) und die Partei „Volt" mehr als 4.000 Mitglieder (BT-Drs. 20/10490, S. 129). Die Partei „die Basis" verfügt über ca. 28.000 Mitglieder (BT-Drs. 20/10490, S. 75), die „Klimaliste Deutschland" nach eigenen Angaben über 234 Mitglieder (Angabe abrufbar unter https://www.bpb.de/themen/parteien/wer-steht-zur-wahl/europawahl-2024/547987/klimaliste-deutschland/ [15.6.2024]). Das „Bündnis Sahra Wagenknecht" hat gegenwärtig über 450 Mitglieder (vgl. die Meldung vom 3. Februar 2024 im Tagesspiegel, abrufbar unter https://www.tagesspiegel.de/politik/nur-2000-bsw-mitglieder-bis-2025-wagenknecht-will-ihre-partei-nur-langsam-und-kontrolliert-wachsen-lassen-11156806.html [15.6.2024]). Der „DAVA" gehören nach eigenen Angaben ca. 1.000 Mitglieder an (Angabe abrufbar unter https://www.bpb.de/themen/parteien/wer-steht-zur-wahl/europawahl-2024/548033/demokratische-allianz-fuer-vielfalt-und-aufbruch/ [15.6.2024]).

50 Eigene Zählung. So wurden zwischen 2004 und 2023 – ohne Anspruch auf Vollständigkeit – neben den bereits genannten auch folgende Parteien, die bundesweit antreten, gegründet: Brandenburger Vereinigte Bürgerbewegungen / Freie Wähler (BVB / Freie Wähler, 2008); Graue Panther (2008); Partei der Vernunft (PDV, 2009); Bündnis für Innovation und Gerechtigkeit (BIG, 2010); bergpartei (B*, 2005/2011); Ökolinksliberale Demokratische Partei (ÖLDP, 2012); DIE RECHTE – Partei für Volksabstimmung, Souveränität und Heimatschutz (2012); AUFBRUCH C – Christliche Werte für eine menschliche Politik (2013); Allianz für Menschenrechte, Tier- und Naturschutz (Tierschutzallianz, 2013); Gartenpartei (2013); Deutsche Mitte (DM, 2013); Der dritte Weg (III. Weg, 2013); Menschliche Welt für das Wohl und Glücklich-Sein aller (2013); Partei der Humanisten (PdH, 2014); Deutsche Sportpartei (DSP, 2015); Wir Bürger (2015); Bündnis C – Christen für Deutschland (Bündnis C, 2015); Partei für schulmedizinische Verjüngungsforschung (2015); Die Allianz Deutscher Demokraten (ADD, 2016); Freier Horizont (2016); Mieterpartei / Bündnis Berlin (2016); Bündnis Grundeinkommen (BGE, 2016); Partei für Veränderung, Vegetarier und Veganer (V-Partei[3], 2016); Die blaue Partei (Blaue #TeamPetry, 2017); Die Urbane (du., 2017); MUT (2017); Demokratie in Bewegung (DiB, 2017); Die Grauen – Für alle Generationen (2017); Zukunft (Z., 2017); Aktion Partei für Tierschutz (Tierschutz hier!, 2017); Die neue Mitte

(2017); Demokratie direkt (DIE DIREKTE!, 2018); Europäische Partei Liebe (2018); Freiparlamentarische Allianz (FPA, 2018); Moderne Soziale Partei (MSP, 2019); Eine für Alle-Partei (2020); MERA 25 (2020); neo. Wohlstand für alle (2020); SGV – Solidarität, Gerechtigkeit, Veränderung (2020); Aktion Bürger für Gerechtigkeit (ABG, 2020); Partei des Fortschritts (PdF, 2020); WiR2020 (2020); Die Gerechtigkeitspartei – Team Todenhöfer (2020); Die neuen Demokraten (2021); Grundeinkommen für alle (GFA, 2021); Lobbyisten für Kinder (LfK, 2021); Bürgerbewegung für Fortschritt und Wandel (2021); DIE SONSTIGEN (2021); diePinken / Bündnis 21 (2021); Die Haie – Partei mit Biss (2021).

51 Zusammenfassend *Dieter Grimm*, Politische Parteien, in: Benda / Maihofer / Vogel (Hrsg.), HdbVerfR, 2. Aufl., Berlin 1994, § 14 Rn. 31 m.w.N. – Die Anzahl der Zusammenschlüsse, die den Anspruch erhoben haben, ihrer Natur nach eine politische Partei zu sein, lag in diesem Zeitraum bei rund 500 Gruppierungen, so *Richard Stöss*, in: ders. (Hrsg.), Parteien-Handbuch, Bd. 1, Wiesbaden 1983, S. 188 f.

52 Siehe hierzu § 4 Abs. 2 Satz 2 Nr. 2 BWahlG in der Fassung vom 14. Juni 2023 (BGBl. 2023 I Nr. 147).

53 Siehe dazu § 6 Abs. 3 BWahlG in der Fassung vom 3. Juni 2021 (BGBl. 2021 I S. 1482). Wegen dieser Grundmandatsklausel zog die Partei „Die Linke", auf die 2021 4,9 % der Zweitstimmen entfielen, trotz ihres Scheiterns an der 5 %-Hürde in den Bundestag ein. Ohne Grundmandatsklausel hätte der Anteil der unverwerteten Zweitstimmen 2021 13,5 % betragen. Siehe die Darstellung der Bundeswahlleiterin, abrufbar unter https://www.bundeswahlleiterin.de/bundestagswahlen/2021/ergebnisse/bund-99.html (15.6.2024). – Zur Grundmandatsklausel näher in Anm. 158.

54 Siehe hierzu die Pressemitteilung Nr. 34/2013 für die Bundestagswahl 2013, abrufbar unter https://www.bundeswahlleiterin.de/info/presse/mitteilungen/bundestagswahl-2013/2013-10-09-endgueltiges-amtliches-ergebnis-der-bundestagswahl-2013.html sowie die Pressemitteilung Nr. 52/21 des Bundeswahlausschusses für die Bundestagswahl 2021, abrufbar unter https://www.bundeswahlleiterin.de/info/presse/mitteilungen/bundestagswahl-2021/52_21_endgueltiges-ergebnis.html (beide 15.6.2024).

55 Zu den hieraus resultierenden Herausforderungen bei der Bildung von Regierungskoalitionen aus politikwissenschaftlicher Perspektive *Eckhard Jesse*, Koalitionspolitik, in: Decker / Neu (Hrsg.), Handbuch der deutschen Parteien, 3. Aufl., Wiesbaden 2018, S. 127 ff. (133); vgl. auch *Oskar Niedermayer*, Die Verfestigung des pluralistischen Parteiensystems, in: Jun/Niedermayer (Hrsg.), Die Parteien nach der Bundestagswahl 2021, Wiesbaden 2023, S. 1 ff. (4). Am Beispiel der Bundestagswahlen von 2017 *Franck Decker/Philipp Adorf*, Coalition Politics in Crisis?, in: German Politics and Society 36 (2018), S. 5 ff. (14 ff.); *Sven T. Siefken*, Regierungsbildung „wider Willen" – der mühsame Weg zur Koalition nach der Bundestagswahl 2017, in: ZParl (49) 2018, 407 ff.

56 Hierzu aus rechtswissenschaftlicher Perspektive *Christoph Gröpl*, Experimentelle Regierungen und Projektregierungen als Antwort? Der verfassungsrechtliche Rahmen für Minderheitsregierungen, in: Uhle/Friehe (Hrsg.), Polarisierung des Politischen – Gesellschaftliche Herausforderungen und institutionelle Konsequenzen, Berlin 2022, S. 121 ff.; zurückhaltend zuvor etwa auch *Florian Meinel*, Vertrauensfrage – Zur Krise des heutigen Parlamentarismus, München 2019, S. 201 ff.; aus politikwissenschaftlicher Sicht *Frank Decker*, Parteiendemokratie im Wandel, 2. Aufl., Baden-Baden 2018, S. 137 f. Positiver dagegen *Karlheinz Niclauß*, Der diskrete Charme einer Minderheitsregierung, in: ZParl (48) 2017, 211 ff.; aus rechtswissenschaftlicher Perspektive aufgeschlossen *Brun-Otto Bryde*, Regierungsbildung im Vielparteienparlament, in: Krüper (Hrsg.), Die Organisation des Verfassungsstaats, Tübingen 2019, S. 511 ff. (514 ff.).

57 Das trifft gegenwärtig namentlich auf die AfD zu. – Wie hier auch *Anna-Bettina Kaiser*, Die Organisation politischer Willensbildung: Parteien, in: VVDStRL 81 (2022), S. 117 ff. (124). – Aus politikwissenschaftlicher Perspektive beleuchtet diesen Umstand am Beispiel der Bundestagswahlen 2009 *Uwe Jun*, Eher Integration als Konkurrenz? Parteienwettbewerb und Bundesrat im Kontext des kooperativen Föderalismus, in: Jesse/Sturm (Hrsg.), Bilanz der Bundestagswahl 2009. Voraussetzungen, Ergebnisse, Folgen, Baden-Baden 2012, S. 369 ff.

58 Obgleich die Wähler im Akt der Wahl unmittelbar lediglich bestimmen, wer Abgeordneter im Parlament wird – also eine Personalentscheidung treffen –, entscheiden sie mittelbar doch zugleich auch über die parteipolitische Zusammensetzung des Deutschen Bundestages und disponieren damit im Sinne einer Richtungsentscheidung über die Voraussetzungen für eine nachfolgende Regierungsbildung. Wie hier *Hans Meyer*, Demokratische Wahl und Wahlsystem, in: Isensee/Kirchhof (Hrsg.), HStR, Bd. III, 3. Aufl., Heidelberg 2005, § 45 Rn. 6.

59 Eingehend hierzu *Hanna Bäck/Marc Debus/Michael Imre*, Populist radical parties, pariahs, and coalition bargaining delays, in: Party Politics 30 (2024), 96 ff. (97).

60 Sowohl SPD als auch CDU/CSU haben gegenüber der Linken bzw. gegenüber der AfD namentlich auf Bundesebene Koalitionsausschüsse praktiziert bzw. beschlossen, die nicht vom Ausgang der jeweiligen Wahl, also dem Wahlergebnis, abhängig und in diesem Sinne nicht situativ gebunden, sondern aufgrund grundsätzlicher und langfristiger Erwägungen strukturell angelegt sind.

61 Siehe hierzu exemplarisch den Beschluss des 31. Parteitages der Union vom 8. Dezember 2018 zur Ablehnung der Zusammenarbeit mit der Linkspartei und der AfD, abrufbar unter https://archiv.cdu.de/system/tdf/media/dokumente/cdu_deutschlands_unsere_haltung_zu_linkspartei_und_afd_0.pdf?file=1 (15.6.2024).

62 Seinerzeit entfielen auf SPD 34,2 % der Zweitstimmen, auf Bündnis 90/Die Grünen 8,1 % und auf Die Linke/PDS 8,7 %. Siehe hierzu die Übersicht auf https://www.bundestag.de/parlament/wahlen/ergebnisse_seit1949-244692 (15.6.2024).

63 Ebenso *Anna-Bettina Kaiser*, Die Organisation politischer Willensbildung: Parteien, in: VVDStRL 81 (2022), S. 117 ff. (122); *Oskar Niedermayer*, Die Verfestigung des pluralistischen Parteiensystems, in: Jun/Niedermayer (Hrsg.), Die Parteien nach der Bundestagswahl 2021, Wiesbaden 2023, S. 1 ff. (6 f.). Siehe hierzu auch *Jan Berz*, Bundestagswahl 2021: Wie volatil war der diesjährige Bundestagswahlkampf?, Wissenschaftszentrum Berlin für Sozialforschung, Abbildung 1, abrufbar unter https://democracy.blog.wzb.eu/2021/11/19/bundestagswahl-2021-wie-volatil-war-der-diesjaehrige-bundestagswahlkampf/ für die Entwicklung der Volatilität zwischen 2002 und 2021 (15.6.2024); so auch die Einschätzung von *Rainer-Olaf Schultze* zum Wählerverhalten, abrufbar auf https://www.bpb.de/kurz-knapp/lexika/handwoerterbuch-politisches-system/202206/waehlerverhalten/ (15.6.2024; vgl. insbesondere den Abschnitt „Wählerwanderungen" und „Volatilität in Wählerverhalten und Parteiengefüge"). – Zum Befund der Volatilität und seinen Folgen für die europäische Ebene zuletzt *BVerfG*, Beschluss vom 6. Februar 2024, Az. 2 BvE 6/23 und 2 BvR 994/23 (auszugsweise abgedruckt in NVwZ 2024, S. 725 ff.), Rn. 123 – 2 %-Sperrklausel.

64 Diese Volatilität zeigt sich etwa daran, dass die Wählerschaft nahezu aller politischen Parteien mit Ausnahme der Anhänger der AfD einer neueren repräsentativen Umfrage zufolge zu erheblichen Anteilen – in concreto: zu ca. drei Vierteln – aus (potentiellen) Wechselwählern besteht; so *Viola Neu/Sabine Pokorny*, Vermessung der Wählerschaft vor der Bundestagswahl 2021. Ergebnisse einer repräsentativen Umfrage zu politischen Einstellungen, Konrad-Adenauer-Stiftung,

2021, S. 53, im Internet abrufbar unter https://www.kas.de/documents/ 252038/11055681/Vermessung+der+Wählerschaft+vor+der+Bundestags wahl+2021.pdf/a3352fb6-c2d2-f4ea-44f6-57853f88f78d?version=1.1&t=1 626169445338 (15.6.2024). – Wie zurückhaltend die Bindung der Wähler an die von ihnen bevorzugten Parteien ausgeprägt ist, gibt auch eine Analyse der Wählerpotentiale zu erkennen. Eine solche Potentialanalyse hat im Frühjahr 2024 bei drei Parteien (FDP, Freie Wähler und Bündnis Sahra Wagenknecht) ein Wählerpotenzial von über 15 %, bei zwei Parteien (Die Grünen und AfD) ein Wählerpotenzial von über 25 % und schließlich bei zwei Parteien (SPD und CDU) ein Wählerpotenzial von mehr als 30 % ausgewiesen; siehe dazu die ab 2018 einsetzende Potentialanalyse von INSA, im Internet abrufbar unter https://www. insa-consulere.de/insa-analysis-potentiale/ (15.6.2024). Die sich hierin manifestierende Volatilität des Wählerverhaltens wird begleitet von dem Umstand, dass Parteien ein nur eingeschränktes Vertrauen entgegengebracht wird. So gelangt eine 2023 erstellte repräsentative Umfrage zu dem Ergebnis, dass den politischen Parteien nur 9 % der Bürger großes oder sehr großes Vertrauen entgegenbringen; siehe hierzu: Demokratie in der Krise – Umfrage von policy matters im Auftrag der Körber-Stiftung, 2023, im Internet abrufbar unter https://koerber-stiftung.de/site/ assets/files/31618/der_vertraunsverlust_in_die_demokratie.pdf, Folie 4 (15.6.2024). Dem entspricht, dass ebenfalls 2023 in einer anderen Studie ermittelt wurde, dass 69 % der Befragten politischen Parteien eher nicht vertrauen; vgl. hierzu die Studie der Europäischen Kommission, Public opinion in the European Union, 2023, S. 71, abrufbar bei statista unter https://de.statista.com/statistik/daten/studie/153820/umfrage/ allgemeines-vertrauen-in-die-parteien/ (15.6.2024).

65 In der Bundestagswahl 2017 gelang es CDU/CSU, SPD, FDP, Bündnis90/Die Grünen, der Partei „Die Linke" und der AfD, die 5 %-Hürde zu überwinden, während „Die Linke" in der Bundestagswahl von 2021 an dieser Hürde knapp (mit 4,9 % der Zweitstimmen) scheiterte. Gleichwohl zog sie aufgrund der Grundmandatsklausel in den 20. Deutschen Bundestag ein.

66 Siehe dazu unter dem Eindruck der Bundestagswahl von 2017 *Aiko Wagner*, Typwechsel 2017? Vom moderaten zum polarisierten Pluralismus, in: ZParl (50) 2019, S. 114 ff. (128 f.).

67 Nach *Giovanni Sartori*, Parties and Party Systems – A framework for Analysis, Neudruck der Fassung von 1976, Colchester 2016, S. 116 f. soll ein „extremer Pluralismus" bereits dann bestehen, wenn in einem Parlament fünf oder mehr Parteien vertreten sind.

68 Wie hier auch *Anna-Bettina Kaiser*, Die Organisation politischer Willensbildung: Parteien, in: VVDStRL 81 (2022), S. 117 ff. (123).

69 Zu dieser Frage *Kathrin Groh*, Der Wandel von Mitgliederparteien zu Wählerparteien – Setzt das Grundgesetz einem bestimmten Parteientypus voraus?, in: ZParl (43) 2012, S. 784 ff. (784 f.).

70 *Martin Morlok / Heike Merten*, Parteienrecht, Tübingen 2018, S. 67 f.; *Jörn Ipsen / Thorsten Koch*, in: Sachs (Hrsg.), GG, 9. Aufl., München 2021, Art. 21 Rn. 15 f.; *Winfried Kluth*, in: Epping / Hillgruber (Hrsg.), BeckOK Grundgesetz, München, Stand: 57. Edition 2024, Art. 21 Rn. 19; *Rudolf Streinz*, in: Huber/ Voßkuhle (Hrsg.), GG, 8. Aufl., München 2024, Art. 21 Rn. 45; *Hans Hugo Klein*, in: Dürig / Herzog / Scholz (Hrsg.), GG, München, Stand: 103. Erg.-Lfg. (Januar 2024), Art. 21 Rn. 222; *Philip Kunig*, Parteien, in: Isensee / Kirchhof (Hrsg.), HStR, Bd. III, 3. Aufl., Heidelberg 2005, § 40 Rn. 15; a.A. *Anika Klafki*, in: v. Münch / Kunig (Hrsg.), Grundgesetz-Kommentar, 7. Aufl., München 2021, Art. 21 Rn. 19 f.; *Wilhelm Henke*, in: Kahl / Waldhoff / Walter (Hrsg.), Bonner Kommentar zum Grundgesetz, Heidelberg, Stand: 63. Lfg. (September 1991), Art. 21 Rn. 9.

71 *Parteienrechtskommission*, Rechtliche Ordnung des Parteiwesens. Probleme eines Parteiengesetzes. Bericht der vom Bundesminister des Innern eingesetzten Parteienrechtskommission, Frankfurt am Main 1957, S. 123; dazu *Wilhelm Henrichs*, Parteibegriff und Parteienregistrierung, in: DVBl. 1958, S. 227 ff. (229).

72 *Martin Morlok / Heike Merten*, Parteienrecht, Tübingen 2018, S. 68 ff.; *Sophie-Charlotte Lenski*, Parteiengesetz und Recht der Kandidatenaufstellung. Handkommentar, Baden-Baden 2011, § 2 Rn. 3; *Anika Klafki*, in: v. Münch / Kunig (Hrsg.), Grundgesetz-Kommentar, 7. Aufl., München 2021, Art. 21 Rn. 21 ff.; *Markus Heintzen*, Die politischen Parteien, in: Stern / Sodan / Möstl (Hrsg.), Das Staatsrecht der Bundesrepublik Deutschland im europäischen Staatenverbund, Bd. II, 2. Aufl., München 2022, § 32 Rn. 33 ff. Näher *Wiebke Wietschel*, Der Parteibegriff. Zur verfassungsrechtlichen und verfassungspolitischen Funktion des Parteibegriffs unter besonderer Berücksichtigung der Verbotsproblematik, Baden-Baden 1996, S. 143 ff.

73 *Eckart Schiffer / Hans-Jürgen Wolff*, Staatliche Willensbildung und nichtstaatliche Organisationen, in: AöR 116 (1991), S. 169 ff. (176); *Wiebke Wietschel*, Der Parteibegriff. Zur verfassungsrechtlichen und verfassungspolitischen Funktion des Parteibegriffs unter besonderer Berücksichtigung der Verbotsproblematik, Baden-Baden 1996, S. 162 ff.; *Dieter Grimm*, Politische Parteien, in: Benda / Maihofer / Vogel (Hrsg.),

HdbVerfR, 2. Aufl., Berlin 1994, § 14 Rn. 32; *Uwe Volkmann*, in: Friauf / Höfling (Hrsg.), Berliner Kommentar zum Grundgesetz, Berlin, Stand: 3/2023, Art. 21 Rn. 24; *Emanuel V. Towfigh / Jacob Ulrich*, in: Kahl / Waldhoff / Walter (Hrsg.), Bonner Kommentar zum Grundgesetz, Heidelberg, Stand: 224. Lfg. (April 2024), Art. 21 Rn. 196 ff.; a.A. *Wilhelm Grewe*, Zum Begriff der politischen Partei, in: Jahrreiß / Jellinek / Laun / Smend (Hrsg.), Um Recht und Gerechtigkeit, Festgabe für Erich Kaufmann zu seinem 70. Geburtstage, Stuttgart 1950, S. 65 ff. (82).

74 *Martin Morlok / Heike Merten*, Parteienrecht, Tübingen 2018, S. 70; *Hans Hugo Klein*, in: Dürig / Herzog / Scholz (Hrsg.), GG, München, Stand: 103. Erg.-Lfg. (Januar 2024), Art. 21 Rn. 231; *Philip Kunig*, Parteien, in: Isensee / Kirchhof (Hrsg.), HStR, Bd. III, 3. Aufl., Heidelberg 2005, § 40 Rn. 8; a.A.: *Otto Kimminich*, Die Parteien im Rechtsstaat: Herausforderung durch die „Alternativen", in: DÖV 1983, S. 217 ff. (225 f.); *Rupert Scholz*, Krise der parteienstaatlichen Demokratie?, Berlin 1983, S. 28 f.

75 Wie hier BVerfGE 47, 130 (141) – Strafbarkeit Parteimitglieder; BVerfGE 47, 198 (223) – Wahlwerbesendungen; vgl. BVerfGE 144, 20 (201 Rn. 526) – NPD-Verbotsverfahren II; *Markus Heintzen*, Die politischen Parteien, in: Stern / Sodan / Möstl (Hrsg.), Das Staatsrecht der Bundesrepublik Deutschland im europäischen Staatenverbund, Bd. II, 2. Aufl., München 2022, § 32 Rn. 31.

76 *Werner Frotscher*, Die parteienstaatliche Demokratie – Krisenzeichen und Zukunftsperspektiven, in: DVBl. 1985, S. 917 ff. (922 f.); *Michael Stolleis*, Parteistaatlichkeit – Krisensymptome des demokratischen Verfassungsstaats?, in: VVDStRL 44 (1986), S. 7 ff. (28 m. w. N.); *Martin Morlok*, in: Dreier (Hrsg.), Grundgesetz-Kommentar, Bd. II, 3. Aufl., München 2015, Art. 21 Rn. 32; *Hans Hugo Klein*, in: Dürig / Herzog / Scholz (Hrsg.), GG, München, Stand: 103. Erg.-Lfg. (Januar 2024), Art. 21 Rn. 231.

77 Zu dieser Gefahr bei der Interpretation von Art. 21 GG *Matthias Jestaedt*, Politische Parteien und Verfassungstheorie, in: Krüper / Merten / Poguntke (Hrsg.), Parteienwissenschaften, Baden-Baden 2015, S. 83 ff. (88 ff., 90 ff.); *Julian Krüper*, Krise als Lebensform. Politische Parteien als institutionalisierte Defiziterfahrung, in: Thiele (Hrsg.), Legitimität in unsicheren Zeiten, Tübingen 2019, S. 115 ff. (117: „Hyperkonstitutionalisierung").

78 In Bezug auf Letztere wie hier BVerfGE 47, 198 (223) – Wahlwerbesendungen.

Anmerkungen

79 *Markus Heintzen*, Die politischen Parteien, in: Stern/Sodan/Möstl (Hrsg.), Das Staatsrecht der Bundesrepublik Deutschland im europäischen Staatenverbund, Bd. II, 2. Aufl., München 2022, § 32 Rn. 31.

80 *Jörn Ipsen/Thorsten Koch*, in: Sachs (Hrsg.), GG, 9. Aufl., München 2021, Art. 21 Rn. 16; *Martin Morlok*, in: Dreier (Hrsg.), Grundgesetz-Kommentar, Bd. II, 3. Aufl., München 2015, Art. 21 Rn. 34; *Rudolf Streinz*, in: Huber/Voßkuhle (Hrsg.), GG, 8. Aufl., München 2024, Art. 21 Rn. 50; *Hans Hugo Klein*, in: Dürig/Herzog/Scholz (Hrsg.), GG, München, Stand: 103. Erg.-Lfg. (Januar 2024), Art. 21 Rn. 222; *Philip Kunig*, Parteien, in: Isensee/Kirchhof (Hrsg.), HStR, Bd. III, 3. Aufl., Heidelberg 2005, § 40 Rn. 15.

81 Zu dieser Gefahr *Jörn Ipsen/Thorsten Koch*, in: Sachs (Hrsg.), GG, 9. Aufl., München 2021, Art. 21 Rn. 16; *Rudolf Streinz*, in: Huber/Voßkuhle (Hrsg.), GG, 8. Aufl., München 2024, Art. 21 Rn. 46. Zur Gefahr, dass namentlich die Privilegierung von Art. 21 Abs. 2 GG durch eine enge Definition des Parteibegriffs gesetzgeberisch unterlaufen werden könnte, *Wiebke Wietschel*, Unzulässige Parteiverbotsanträge wegen Nichtvorliegens der Parteieigenschaft, in: ZRP 1996, S. 208 ff. (210).

82 *Hans Hugo Klein*, in: Dürig/Herzog/Scholz (Hrsg.), GG, München, Stand: 103. Erg.-Lfg. (Januar 2024), Art. 21 Rn. 222; vgl. auch *Martin Morlok/Heike Merten*, Parteienrecht, Tübingen 2018, S. 68.

83 Hiernach sind Parteien „Vereinigungen von Bürgern, die dauernd oder für längere Zeit für den Bereich des Bundes oder eines Landes auf die politische Willensbildung Einfluss nehmen und an der Vertretung des Volkes im Deutschen Bundestag oder einem Landtag mitwirken wollen, wenn sie nach dem Gesamtbild der tatsächlichen Verhältnisse, insbesondere nach Umfang und Festigkeit ihrer Organisation, nach der Zahl ihrer Mitglieder und nach ihrem Hervortreten in der Öffentlichkeit eine ausreichende Gewähr für die Ernsthaftigkeit dieser Zielsetzung bieten."

84 *BVerfGE* 24, 260 (263 f.) – Wahlteilnahme; *BVerfGE* 47, 198 (222) – Wahlwerbesendungen; *BVerfGE* 79, 379 (384) – Nationale Sammlung; *BVerfGE* 89, 266 (269 f.) – Unabhängige Arbeiterpartei; *BVerfGE* 91, 262 (266 f.) – Parteibegriff I; *BVerfGE* 91, 276 (284) – Parteibegriff II; *BVerfGE* 111, 382 (409) – Drei-Länder-Quorum; *BVerfGE* 134, 124 (128 Rn. 15) – DNV; *BVerfGE* 146, 319 (322 Rn. 14) – Sächsische Volkspartei; *BVerfGE* 159, 91 (96 Rn. 15) – Nichtanerkennung DKP; st. Rspr.

85 *BVerfGE* 91, 262 (267) – Parteibegriff I; *BVerfGE* 111, 382 (409) – Drei-Länder-Quorum; *BVerfGE* 134, 124 (128 Rn. 15) – DNV; *BVerfGE* 159, 91 (96 Rn. 15) – Nichtanerkennung DKP.

86 *Winfried Kluth*, in: Epping/Hillgruber (Hrsg.), BeckOK Grundgesetz, München, Stand: 57. Edition 2024, Art. 21 Rn. 19.

87 Das Bundesverfassungsgericht erachtet diesen Ausschluss in ständiger Rechtsprechung als verfassungsmäßig; siehe dazu *BVerfGE* 2, 1 (76) – SRP-Verbot; *BVerfGE* 6, 367 (373) – Rathausparteien; *BVerfGE* 11, 266 (276) – Wählervereinigung; *BVerfGE* 11, 351 (361) – Reservelisten; *BVerfGE* 47, 253 (272) – Gemeindeparlamente; *BVerfGE* 52, 63 (83) – 2. Parteispenden-Urteil; *BVerfGE* 69, 92 (104, 110) – Kommunale Wählergruppen; *BVerfGE* 78, 350 (358 f.) – § 10b EStG; *BVerfGE* 79, 379 (384 f.) – Nationale Sammlung; *BVerfGE* 85, 264 (328) – Parteienfinanzierung II; *BVerfGE* 99, 69 (78) – Kommunale Wählervereinigung; *BVerfGE* 121, 108 (124) – § 13 Abs. 1 Nr. 18 ErbStG; i. E. ebenso *Karl-Heinz Seifert*, Die politischen Parteien im Recht der Bundesrepublik Deutschland, Köln 1975, S. 164 f.; *Hinnerk Wißmann*, in: Kersten/Rixen (Hrsg.), Parteiengesetz, Stuttgart 2009, § 2 Rn. 37 f.; *Winfried Kluth*, in: Epping/Hillgruber (Hrsg.), BeckOK Grundgesetz, München, Stand: 57. Edition 2024, Art. 21 Rn. 27 ff., v. a. 30; *Anika Klafki*, in: v. Münch/Kunig (Hrsg.), Grundgesetz Kommentar, 7. Aufl., München 2021, Art. 21 Rn. 26; *Hans Hugo Klein*, in: Dürig/Herzog/Scholz (Hrsg.), GG, München, Stand: 103. Erg.-Lfg. (Januar 2024), Art. 21 Rn. 238 ff.; *Markus Heintzen*, Die politischen Parteien, in: Stern/Sodan/Möstl (Hrsg.), Das Staatsrecht der Bundesrepublik Deutschland im europäischen Staatenverbund, Bd. II, 2. Aufl., München 2022, § 32 Rn. 37; *Christian Hillgruber*, Parteienfreiheit, in: Merten/Papier (Hrsg.), HGR, Bd. V, Heidelberg 2013, § 118 Rn. 17. A. A. und i. E. daher wie hier *Hanns-Rudolf Lipphardt*, Die Gleichheit der politischen Parteien vor der öffentlichen Gewalt, Berlin 1975, S. 655; *Foroud Shirvani*, Das Parteienrecht und der Strukturwandel im Parteiensystem, Tübingen 2010, S. 175 ff.; *Martin Morlok/Heike Merten*, Parteienrecht, Tübingen 2018, S. 70 f.; *Sophie-Charlotte Lenski*, Parteiengesetz und Recht der Kandidatenaufstellung. Handkommentar, Baden-Baden 2011, § 2 Rn. 13 f.; *Jörn Ipsen/Thorsten Koch*, in: Sachs (Hrsg.), GG, 9. Aufl., München 2021, Art. 21 Rn. 19; *Rudolf Streinz*, in: Huber/Voßkuhle (Hrsg.), GG, 8. Aufl., München 2024, Art. 21 Rn. 47 und 59; *Uwe Volkmann*, in: Friauf/Höfling (Hrsg.), Berliner Kommentar zum Grundgesetz, Berlin, Stand: 3/2023, Art. 21 Rn. 31; *Philip Kunig*, Parteien, in: Isensee/Kirchhof (Hrsg.), HStR, Bd. III, 3. Aufl., Heidelberg 2005, § 40 Rn. 80 f.

88 Für Parteien, die sich nur an den Wahlen zum europäischen Parlament beteiligen, resultiert die Verfassungswidrigkeit ihres Ausschlusses aus dem Parteibegriff bereits daraus, dass im Europäischen Parlament

Hoheitsrechte wahrzunehmen sind, die von der Bundesrepublik auf diese übertragen worden sind. So auch *Martin Morlok*, Sicherung der Rechtsstellung als politische Partei durch Teilnahme an den Wahlen zum Europäischen Parlament?, in: DVBl. 1989, S. 393 ff. (398); *Hinnerk Wißmann*, in: Kersten/Rixen (Hrsg.), Parteiengesetz, Stuttgart 2009, § 2 Rn. 39; *Charlotte Lenski*, Parteiengesetz und Recht der Kandidatenaufstellung. Handkommentar, Baden-Baden 2011, § 2 Rn. 15; *Jörn Ipsen/ Thorsten Koch*, in: Sachs (Hrsg.), GG, 9. Aufl., München 2021, Art. 21 Rn. 19 f.; *Martin Morlok*, in: Dreier (Hrsg.), Grundgesetz-Kommentar, Bd. II, 3. Aufl., München 2015, Art. 21 Rn. 14; *Rudolf Streinz*, in: Huber/ Voßkuhle (Hrsg.), GG, 8. Aufl., München 2024, Art. 21 Rn. 59; *Hans Hugo Klein*, in: Dürig/Herzog/Scholz (Hrsg.), GG, München, Stand: 103. Erg.-Lfg. (Januar 2024), Art. 21 Rn. 242; *Uwe Volkmann*, in: Friauf/Höfling (Hrsg.), Berliner Kommentar zum Grundgesetz, Berlin, Stand: 3/2023, Art. 21 Rn. 31; *Philip Kunig*, Parteien, in: Isensee/Kirchhof (Hrsg.), HStR, Bd. III, 3. Aufl., Heidelberg 2005, § 40 Rn. 82.

89 Siehe dazu https://www.die-partei.de/programm/ (15.6.2024); *Markus Klein*, Wer wählt „Die PARTEI"? Eine empirische Analyse am Beispiel der Europawahl 2019, in: ZParl (52) 2021, S. 596 ff. (598).

90 Zur Zulassung durch den Bundeswahlleiter *Eike Michael Frenzel*, Das Erfordernis der Anerkennung als Partei nach § 18 BWG, in: NVwZ 2009, S. 1349 ff. (1349). – Im Bundestagswahlkampf 2005 fiel „Die PARTEI" dadurch auf, dass sie versuchte, einen Teil der ihr zustehenden Wahlwerbezeit im ZDF bei ebay für Werbezwecke zu versteigern; Einzelheiten unter https://www.die-partei.de/2005/08/26/die-partei-in-den-medien-13/ (15.6.2024).

91 Verneint wurde die Eigenschaft als politische Partei wegen des Fehlens des Willens zur ernsthaften Mitwirkung am politischen Willensbildungsprozess, der seinerseits mit der mangelnden organisatorischen Verfestigung begründet wurde. Siehe dazu die Informationen unter https://web.archive.org/web/20100818212712/http://www.bundestag.de/dokumente/textarchiv/2009/26319567_kw29_kleinparteien/index.html (15.6.2024). – Eine gegen diese Nichtzulassung gerichtete Wahlprüfungsbeschwerde zum Bundesverfassungsgericht wurde zur Entscheidung angenommen, aber verworfen, siehe *BVerfGK* 16, 148; dazu auch https://www.sueddeutsche.de/politik/satire-partei-vor-dem-verfassungsgericht-sonneborn-macht-ernst-1.1032752 (15.6.2024).

92 Vgl. die Pressemitteilung des Bundeswahlleiters Nr. 11/2013 vom 6. August 2013, abrufbar unter https://www.bundeswahlleiterin.de/info/presse/mitteilungen/bundestagswahl-2013/2013-08-06-34-parteiennehmen-an-der-bundestagswahl-2013-teil.html (15.6.2024); Pressemitteilung der Bundeswahlleiterin Nr. 14/21 vom 9. Juli 2021, abrufbar unter https://www.bundeswahlleiterin.de/info/presse/mitteilungen/bundestagswahl-2021/14_21_1bwa-entscheidung.html (15.6.2024).

93 Siehe für die Bundestagswahl 2017 https://www.bundeswahlleiterin.de/info/presse/mitteilungen/bundestagswahl-2017/34_17_endgueltiges_ergebnis.html; für die Bundestagswahl 2021 https://www.bundeswahlleiterin.de/info/presse/mitteilungen/bundestagswahl-2021/52_21_endgueltiges-ergebnis.html (beide 15.6.2024). – Durch den Übertritt eines ehemaligen SPD-Abgeordneten war „Die PARTEI" von Ende 2020 bis zur Bundestagswahl 2021 mit einem Abgeordneten im 19. Deutschen Bundestag vertreten. Vgl. hierzu die Mitteilung auf der Website der PARTEI vom 17. November 2020, abrufbar unter https://www.die-partei.de/2020/11/17/p-day-die-partei-im-bundestag/ (15.6.2024).

94 Hierzu https://www.die-partei.de/btw2017/ (15.6.2024).

95 Dazu https://www.die-partei.de/regierungsprogramm/ (15.6.2024).

96 *Katharina Towfigh*, Nichts zu lachen: Recht – eine ernste Angelegenheit?, in: Jacob/Orgass (Hrsg.), Zum Brüllen!, Hildesheim 2016, S. 67 ff. (96). – Zu den Ergebnissen der Wahlen zum Europäischen Parlament von 2014 und 2019 insgesamt vgl. auch *BVerfG*, Beschluss vom 6. Februar 2024, Az. 2 BvE 6/23 und 2 BvR 994/23 (auszugsweise abgedruckt in NVwZ 2024, S. 725 ff.) Rn. 11 f., 13 – 2 %-Sperrklausel. Zu den Ergebnissen von 2024 vgl. die Übersicht der Bundeswahlleiterin, abrufbar unter https://bundeswahlleiterin.de/europawahlen/2024/ergebnisse/bund-99.html (15.6.2024).

97 Vgl. die Übersicht der Bundeszentrale für politische Bildung, abrufbar unter https://www.bpb.de/themen/parteien/parteien-in-deutschland/kleinparteien/208418/partei-fuer-arbeit-rechtsstaat-tierschutz-elitenfoerderung-und-basisdemokratische-initiative/ (15.6.2024); aufgeführt in Anlage 2 der Festsetzung der staatlichen Mittel für Parteien. Anspruch auf Partizipation an der staatlichen Finanzierung haben Parteien, die nach dem endgültigen Wahlergebnis der jeweils letzten Europa- oder Bundestagswahl mindestens 0,5 vom Hundert oder einer Landtagswahl 1,0 vom Hundert der für die Listen abgegebenen gültigen Stimmen erreicht haben, vgl. § 18 Abs. 4 Satz 1 PartG. 2022 etwa erhielt „Die PARTEI" staatliche Zuschüsse in Höhe von mehr als 840.000 €. Siehe hierzu https://www.bundestag.de/resource/blob/958198/76b2c5c619a2c54127d776185c17ce9f/finanz_22-data.pdf (15.6.2024).

98 Dies hat zuletzt die Entscheidung des Bundesverfassungsgerichts zur Zustimmung Deutschlands zum Direktwahlakt 2018 verdeutlicht; *BVerfG*, Beschluss vom 6. Februar 2024, Az. 2 BvE 6/23 und 2 BvR 994/23 (auszugsweise abgedruckt in NVwZ 2024, S. 725 ff.) Rn. 29 – 2 %-Sperrklausel. – In der Entscheidung wird der Status der Vereinigung als politische Partei bundesverfassungsgerichtlich weder erörtert noch problematisiert.

99 „Die PARTEI" verfügt nicht nur über einen Bundesverband, sondern auch über Landesverbände, Hochschulgruppen und eine Jugendorganisation. Vgl. für einen Überblick über die verschiedenen Hochschulgruppen https://www.die-partei.de/hochschulgruppen/ (15.6.2024); *Viola Neu*, Die PARTEI, in: Decker/Neu (Hrsg.) Handbuch der deutschen Parteien, 3. Aufl., Wiesbaden 2018, S. 435 ff. (436).

100 Am 31. Dezember 2021 etwa verfügte „Die PARTEI" über 53.443 Mitglieder, vgl. BT-Drs. 20/7841, S. 57.

101 *BVerfGE* 91, 262 (271 f.) – Parteibegriff I; *BVerfGE* 91, 276 (289) – Parteibegriff II. – Diese Rechtsprechung hat hinsichtlich des (im hiesigen Kontext nicht relevanten) Merkmals der „Aussichtslosigkeit" deutliche Kritik erfahren, da das Merkmal der „Ernsthaftigkeit" auf diese Weise nicht in einen Parameter des Erfolges verwandeln dürfe. Siehe hierzu *Wiebke Wietschel*, Unzulässige Parteiverbotsanträge wegen Nichtvorliegens der Parteieigenschaft, in: ZRP 1996, S. 208 ff. (210 f.); *Jörn Ipsen*, in: ders. (Hrsg.), Parteiengesetz, 2. Aufl., München 2018, § 2 Rn. 10 f.; *Jörn Ipsen/Thorsten Koch*, in: Sachs (Hrsg.), GG, 9. Aufl., München 2021, Art. 21 Rn. 21; *Anika Klafki*, in: v. Münch/Kunig (Hrsg.), Grundgesetz-Kommentar, 7. Aufl., München 2021, Art. 21 Rn. 29; a.A. *Sebastian Blasche*, Der Parteibegriff, in: VR 2001, S. 407 ff. (413); *Hans Hugo Klein*, in: Dürig/Herzog/Scholz (Hrsg.), GG, München, Stand: 103. Erg.-Lfg. (Januar 2024), Art. 21 Rn. 229.

102 *Wiebke Wietschel*, Der Parteibegriff. Zur verfassungsrechtlichen und verfassungspolitischen Funktion des Parteibegriffs unter besonderer Berücksichtigung der Verbotsproblematik, Baden-Baden 1996, S. 173.

103 *Rudolf Streinz*, in: Huber/Voßkuhle (Hrsg.), GG, 8. Aufl., München 2024, Art. 21 Rn. 68; *Markus Heintzen*, Die politischen Parteien, in: Stern/Sodan/Möstl (Hrsg.), Das Staatsrecht der Bundesrepublik Deutschland im europäischen Staatenverbund, Bd. II, 2. Aufl., München 2022, § 32 Rn. 39.

104 *Hinnerk Wißmann*, in: Kersten/Rixen (Hrsg.), Parteiengesetz, Stuttgart 2009, § 2 Rn. 46 („offensichtliche Scherzvereinigungen");

vgl. *Uwe Volkmann*, in: Friauf/Höfling (Hrsg.), Berliner Kommentar zum Grundgesetz, Berlin, Stand: 3/2023, Art. 21 Rn. 32.

105 *Rudolf Streinz*, in: Huber/Voßkuhle (Hrsg.), GG, 8. Aufl., München 2024, Art. 21 Rn. 67 a.E.; aus dem älteren Schrifttum so auch *Karl-Heinz Seifert*, Bundeswahlrecht, Kommentar, Berlin 1976, § 18 Rn. 13.

106 Die sog. „SPASSPARTEI" etwa wurde zur Bundestagswahl 2002 zugelassen; vgl. dazu *Margitta v. Schwarzenberg/Constanze Geiert*, Grundlagen und Daten der Wahl zum 15. Deutschen Bundestag am 22. September 2002, Statistisches Bundesamt – Wirtschaft und Statistik, 2002, S. 642. Die „APPD" wurde zu den Bundestagswahlen 1998 und 2005 zugelassen; vgl. dazu *Margitta v. Schwarzenberg/Constanze Geiert*, a.a.O., S. 649; *Viola Neu*, in: Decker/Neu (Hrsg.), APPD, Handbuch der deutschen Parteien, 3. Aufl., Wiesbaden 2018, S. 171.

107 Bei der Europawahl 2024 erzielte die DAVA einen Stimmenanteil von 0,4%; siehe dazu https://www.bundeswahlleiterin.de/europawahlen/2024/ergebnisse/bund-99.html (15.6.2024). – Zur Absicht der DAVA, auch bei der Bundestagswahl 2025 anzutreten, und sich hierzu in eine Partei umzuwandeln *Teyfik Özcan*, zitiert nach SZ vom 1. Februar 2024; siehe https://www.sueddeutsche.de/politik/dava-erdogan gruppierung-bundestagswahl-partei-deutschland-tuerkei-1.6342101 (15.6.2024). Siehe dazu auch Anm. 48.

108 So *Fatih Zingal* im Interview der FAZ vom 12. Februar 2024; siehe https://www.faz.net/aktuell/politik/inland/dava-kandidat-wir-sind-nicht-der-verlaengerte-arm-von-erdogan-19504992.html (15.6.2024).

109 So auch die Politikwissenschaftlerin *Dastan Jasim* in einem Interview am 19. Februar 2024, abrufbar unter https://www.ndr.de/nachrichten/info/Die-DAVA-ist-personell-und-inhaltlich-sehr-nah-an-der-AKP,dava102.html (15.6.2024).

110 Siehe hierzu das Parteiprogramm der DAVA, S. 27, im Internet abrufbar unter https://dava-eu.org/parteiprogramm/ (15.6.2024).

111 Dazu mit näheren Angaben https://www.ndr.de/nachrichten/info/Fragen-und-Antworten-FAQ-Was-hat-es-mit-der-DAVA-auf-sich,dava104.html (15.6.2024).

112 Zu denken ist insofern etwa an das „Bündnis für Innovation und Gerechtigkeit" (BIG, gegründet 2010) oder an die „Allianz Deutscher Demokraten" (ADD, gegründet 2016).

113 Dazu *Dastan Jasim* in einem Interview am 19. Februar 2024, abrufbar unter https://www.ndr.de/nachrichten/info/Die-DAVA-ist-personell-und-inhaltlich-sehr-nah-an-der-AKP,dava102.html; bestritten von *Tyfik Özcan*, hier zitiert nach https://www.ndr.de/nachrichten/info/

Fragen-und-Antworten-FAQ-Was-hat-es-mit-der-DAVA-auf-sich,dava 104.html; *Fatih Zingal*, siehe https://www.faz.net/aktuell/politik/inland/dava-kandidat-wir-sind-nicht-der-verlaengerte-arm-von-erdogan-19504992.html (sämtliche Nachweise 15.6.2024).

114 So der Befund von *Susanne Schröter*, zitiert nach https://www.hessenschau.de/politik/dava-will-bei-europawahl-2024-in-hessen-antreten-tuerkeistaemmige-waehler-im-blick-v1,dava-hessen-100.html (15.6.2024).

115 *Sophie-Charlotte Lenski*, Parteiengesetz und Recht der Kandidatenaufstellung. Handkommentar, Baden-Baden 2011, § 2 Rn. 43.

116 Wie hier *Sophie-Charlotte Lenski*, Parteiengesetz und Recht der Kandidatenaufstellung. Handkommentar, Baden-Baden 2011, § 2 Rn. 40; *Martin Morlok*, in: ders., Parteiengesetz, 2. Aufl., Baden-Baden 2013, § 2 Rn. 13; *Anika Klafki*, in: v. Münch / Kunig (Hrsg.), Grundgesetz-Kommentar, 7. Aufl., München 2021, Art. 21 Rn. 13; vgl. *Jörn Ipsen*, in: ders. (Hrsg.), Parteiengesetz, 2. Aufl., München 2018, § 2 Rn. 14.

117 Im Schrifttum wird stattdessen in nicht gänzlich präziser Weise z. T. auf eine durch die Vorschrift vorgeblich bewirkte Verknüpfung des Parteibegriffs mit dem Wahlrecht abgestellt; so etwa *Sophie-Charlotte Lenski*, Parteiengesetz und Recht der Kandidatenaufstellung. Handkommentar, Baden-Baden 2011, § 2 Rn. 41.

118 Gesetz zur Modernisierung des Staatsangehörigkeitsrechtes (StARModG) vom 22. März 2024 (BGBl. 2024 I Nr. 104).

119 Dazu *Christian Hillgruber*, Aktuelle Reformvorhaben im Aufenthalts- und Staatsangehörigkeitsrecht, in: Friehe (Hrsg.), Zuwanderung und Zugehörigkeit. Entwicklungen im Migrations- und Staatsangehörigkeitsrecht, 2024, S. 13 ff.

120 Siehe hierzu den Kommentar von *Berthold Kohler*, Die gefährliche Wette der Ampel, in: FAZ vom 2. Februar 2024, abrufbar unter https://www.faz.net/aktuell/politik/inland/dava-und-die-gefaehrliche-wette-der-ampel-mehr-zulauf-bei-anhaltender-radikalisierung-19492915.html (15.6.2024).

121 Siehe hierzu oben S. 1 f.

122 *Dieter Grimm*, Politische Parteien, in: Benda / Maihofer / Vogel (Hrsg.), HdbVerfR, 2. Aufl., Berlin 1994, § 14 Rn. 6 und 28.

123 Siehe hierzu die Bundestagswahlergebnisse, abrufbar unter https://www.bundestag.de/parlament/wahlen/ergebnisse_seit1949-244692 (15.6.2024).

124 Der damalige CDU-Generalsekretär *Peter Tauber* prognostizierte im Herbst 2014, die AfD werde ebenso rasch aus der deutschen Parteienlandschaft verschwinden wie zuvor die Piratenpartei; vgl. dazu die FAZ vom 6. September 2014, abrufbar unter https://www.faz.net/aktuell/politik/inland/tauber-afd-wird-den-weg-der-piraten-gehen-13138473.html (15.6.2024).

125 Vgl. Institut für Demoskopie Allensbach, Von Schlaglöchern und -zeilen, Eine Dokumentation des Beitrags von *Thomas Petersen* in der FAZ vom 16. September 2015, Anhangtabelle B 1, abrufbar unter https://www.ifd-allensbach.de/fileadmin/kurzberichte_dokumentationen/FAZ_September.pdf (15.6.2024).

126 Vgl. Institut für Demoskopie Allensbach, Kontrollverlust – die Besorgnis der Bürger wächst, Eine Dokumentation des Beitrags von *Renate Köcher* in der FAZ vom 21. Oktober 2015, Anhangtabelle B 1, abrufbar unter https://www.ifd-allensbach.de/fileadmin/kurzberichte_dokumentationen/FAZ_Oktober_Flu__chtlinge.pdf (15.6.2024).

127 Siehe hierzu die Bundestagswahlergebnisse, abrufbar unter https://www.bundestag.de/parlament/wahlen/ergebnisse_seit1949-244692 (15.6.2024); vgl. auch infratest dimap, Wahlreport zur Bundestagswahl 2017, 2017, S. 67.

128 CDU/CSU erzielten in der Bundestagswahl 2017 32,9% der Zweitstimmen, nachdem sie 2013 noch auf 41,5% gekommen waren; auf die SPD entfielen 20,5% der Zweitstimmen nach 25,7% in der Bundestagswahl 2013. Siehe hierzu die Bundestagswahlergebnisse, abrufbar unter https://www.bundestag.de/parlament/wahlen/ergebnisse_seit1949-244692 (15.6.2024).

129 Siehe hierzu die Bundestagswahlergebnisse, abrufbar unter https://www.bundestag.de/parlament/wahlen/ergebnisse_seit1949-244692 (15.6.2024).

130 Siehe dazu https://www.forschungsgruppe.de/Aktuelles/Politbarometer/ (15.6.2024).

131 Unter Bezug auf Nachwahlbefragungen von infratest dimap akzentuiert von *Theresa King*, Bundestagswahl 2017: Deutschland hat gewählt – Die Zeit der Wohlfühl-Politik ist vorbei, S. 7, im Internet abrufbar unter https://www.bundestagswahl-bw.de/fileadmin/bundestagswahl-bw/pdf/deutschlandhatgewaehlt.pdf (15.6.2024).

132 In der Bundestagswahl 2017 gewann die AfD zudem 400.000 Wähler von der Linken und jeweils 40.000 von den Grünen und der FDP hinzu; ferner erhielt sie 1,2 Millionen Stimmen aus dem Lager bisheriger Nichtwähler und 690.000 Stimmen Anderer (siehe dazu infratest dimap, Wahlreport Bundestagswahl 2017, 2017, S. 67).

133 So unter Bezug auf Nachwahlbefragungen von infratest dimap etwa *Theresa King*, Bundestagswahl 2017: Deutschland hat gewählt – Die Zeit der Wohlfühl-Politik ist vorbei, S. 7, im Internet abrufbar unter https://www.bundestagswahl-bw.de/fileadmin/bundestagswahl-bw/pdf/deutschlandhatgewaehlt.pdf (15.6.2024). Vgl. zu den Hintergründen der Wahlentscheidung des Weiteren auch *Timo Steppat*, Datenanalyse – Merkel und die Koalition der Zufriedenen, FAZ vom 25. September 2017, mit dem Hinweis, dass sich zum Zeitpunkt der Bundestagswahl 2017 62 % der Deutschen sorgten, dass „die Kriminalität massiv zunimmt", dass 46 % befürchteten, dass „der Einfluss des Islam in Deutschland zu stark wird" und 38 % der Ansicht waren, dass „zu viele Fremde nach Deutschland kommen" (im Internet abrufbar unter https://www.faz.net/aktuell/politik/bundestagswahl/f-a-z-wahlanalyse-merkel-und-die-koalition-der-zufriedenen-15206260.html [15.6.2024]); *Steppat* folgert daraus in seiner Wahlanalyse, dass die „Themen, die die Menschen bewegen, nah an dem [stünden], wofür die AfD steht"].

134 So die vom 24. September 2017 datierende Wahlanalyse der Bundestagswahl der Forschungsgruppe Wahlen, S. 2, im Internet abrufbar unter https://www.forschungsgruppe.de/Wahlen/Wahlanalysen/Newsl_Bund_170928.pdf (15.6.2024). Vgl. auch *Theresa King*, Bundestagswahl 2017: Deutschland hat gewählt – Die Zeit der Wohlfühl-Politik ist vorbei, S. 2 (mit dem Befund, dass die Flüchtlingspolitik seit dem Sommer 2015 „für lange Zeit zum alles beherrschenden Thema wurde"), im Internet abrufbar unter https://www.bundestagswahl-bw.de/fileadmin/bundestagswahl-bw/pdf/deutschlandhatgewaehlt.pdf (15.6.2024).

135 Siehe dazu https://www.tagesschau.de/wahl/archiv/2017-09-24-BT-DE/umfrage-fluechtlingspolitik.shtml (15.6.2024).

136 So erklärten etwa von den Wählern, die bei der Bundestagswahl 2017 ihre Stimme der CDU/CSU gaben, nur 66 %, mit der Asyl- und Flüchtlingspolitik der Bundeskanzlerin zufrieden sein, während 34 % der Unionswähler – trotz ihrer Wahlentscheidung für die Union – angaben, sie seien hiermit nicht zufrieden. Noch deutlicher wird das Bild, wenn der Blick auf ehemalige CDU/CSU-Wähler gerichtet wird. Von ihnen erklärten lediglich 28 % mit der Asyl- und Flüchtlingspolitik der Bundeskanzlerin zufrieden zu sein, während 71 % dies dezidiert verneinten. Siehe dazu infratest dimap, Wahlreport Bundestagswahl 2017, 2017, S. 38.

137 Dazu m.w.N. *Markus Möstl*, Elemente direkter Demokratie als Entwicklungsperspektive, in: VVDStRL 72 (2013), S. 355 ff. (376). – Dies erscheint umso beachtenswerter, als noch *Gerhard Leibholz* und ihm folgend zunächst auch das Bundesverfassungsgericht zur Charakterisierung der politischen Parteien die – freilich ihrerseits nicht unproblematische – Metapher verwendet haben, diese seien „Sprachrohr des Volkes". Siehe dazu *Gerhard Leibholz*, Der Parteienstaat des Bonner Grundgesetzes, in: Wandersleb/Traumann (Hrsg.), Recht, Staat, Wirtschaft, Bd. 3, Stuttgart 1951, S. 99 ff. (104); *ders.*, Der Strukturwandel der modernen Demokratie (1952), in: ders., Strukturprobleme der modernen Demokratie, 3. Aufl., Frankfurt am Main 1967, S. 78 ff. (90); aus der Rechtsprechung des Bundesverfassungsgerichts siehe *BVerfGE* 1, 208 (224) – 7,5 %-Sperrklausel; *BVerfGE* 20, 56 (101) – Parteienfinanzierung I. Dazu auch *Anna-Bettina Kaiser*, Die Organisation politischer Willensbildung: Parteien, in: VVDStRL 81 (2022), S. 117 ff. (137 ff.).

138 Hierzu *Josef Isensee*, Demokratie ohne Volksabstimmung: das Grundgesetz, in: Hillgruber/Waldhoff (Hrsg.), 60 Jahre Bonner Grundgesetz – eine geglückte Verfassung?, Bonn 2010, S. 117 ff. (133 f.); *Markus Möstl*, Elemente direkter Demokratie als Entwicklungsperspektive, in: VVDStRL 72 (2013), S. 355 ff. (364 m.w.M.). Siehe auch *Knut Bergmann*, Zum Verhältnis von Parlamentarismus und Protest, in: APuZ 25–26/2012, S. 17 ff. (20).

139 *Markus Möstl*, Elemente direkter Demokratie als Entwicklungsperspektive, in: VVDStRL 72 (2013), S. 355 ff. (375).

140 Berechtigte Warnung davor bei *Josef Isensee*, Demokratie ohne Volksabstimmung: das Grundgesetz, in: Hillgruber/Waldhoff (Hrsg.), 60 Jahre Bonner Grundgesetz – eine geglückte Verfassung?, Bonn 2010, S. 117 ff. (118); *Günther Rüther*, Was verbirgt sich hinter der Forderung nach mehr direkter Demokratie?, in: ders. (Hrsg.), Repräsentative oder plebiszitäre Demokratie – eine Alternative?, Baden-Baden 1996, S. 9 ff. (14 f.); für eine nüchterne Analyse auch *Markus Möstl*, Elemente direkter Demokratie als Entwicklungsperspektive, in: VVDStRL 72 (2013), S. 355 ff. (377).

141 Aus politikwissenschaftlicher Sicht bejaht einen von plebiszitären Instrumenten ausgehenden „Lerndruck" der Politik etwa *Werner J. Patzelt*, Welche plebiszitären Instrumente können wir brauchen? Einige systematische Überlegungen, in: Feld/Huber/Jung/Welzel/Wittreck (Hrsg.), Jahrbuch für direkte Demokratie 2010, Baden-Baden 2011, S. 63 ff. (71 ff.); zur Rückbindung *David Altman*, Direct Democracy worldwide, Cambridge 2011, S. 197. Aus rechtswissenschaftlicher Sicht *Horst Dreier/Fabian Wittreck*, Repräsentative und direkte Demokratie im Grundgesetz, in: Feld/Huber/Jung/Welzel/Wittreck (Hrsg.), Jahr-

Anmerkungen 107

buch für direkte Demokratie 2009, Baden-Baden 2010, S. 11 ff. (35); *Markus Möstl*, Elemente direkter Demokratie als Entwicklungsperspektive, in: VVDStRL 72 (2013), S. 355 ff. (377 ff.).

142 Zum diesbezüglichen Verfassungsvorbehalt *Josef Isensee*, Vorbehalt der Verfassung, in: Isensee / Lecheler (Hrsg.), Festschrift Leisner, Berlin 1999, S. 359 ff. (395 ff.); *Markus Möstl*, Regelungsfelder der Verfassung, in: Depenheuer/Grabenwarter (Hrsg.), Verfassungstheorie, Tübingen 2010, § 17 Rn. 31. Bezogen auf die Bayerische Verfassung so auch *BayVerfGH*, NVwZ 2017, 319 ff. (322 Rn. 100) – Volksbefragung; a.A. *Hans Meyer*, Volksabstimmungen im Bund: Verfassungslage nach Zeitgeist?, in: JZ 2012, S. 538 ff. (542 f.); *Martin Paus/Ansgar Schmidt*, Das Grundgesetz und die direkte Demokratie auf staatlicher und kommunaler Ebene, in: JA 2012, 48 ff. (49); *Hermann Heußner/Arne Pautsch*, „Plebiszit von oben" bald bundesweit? – Zur Verfassungswidrigkeit einfachgesetzlicher konsultativer Volksbefragungen, in: NJW 2015, S. 1225 ff. (1226 f.); *Christian Waldhoff*, Der positive und der negative Verfassungsvorbehalt, Baden-Baden 2016, S. 36 ff.

143 Zu einer solchen Interpretation der von Art. 79 Abs. 3 GG erwähnten, in Art. 1 und Art. 20 GG enthaltenen Grundsätze auch *Sebastian Müller-Franken*, Plebiszitäre Demokratie und Haushaltsgewalt, in: Der Staat 44 (2005), S. 19 ff. (23 f.); *Markus Möstl*, Elemente direkter Demokratie als Entwicklungsperspektive, in: VVDStRL 72 (2013), S. 355 ff. (367); monographisch ebenso *Hans-Peter Hufschlag*, Einfügung plebiszitärer Komponenten in das Grundgesetz?, Baden-Baden 1999, S. 125.

144 Siehe dazu *BayVerfGHE* 53, 42 (61 f.) – Volksbegehren; *ThürVerfGH*, in: ThürVBl. 2002, S. 31 ff. (Leitsatz 5 und S. 37 und 39) – Volksgesetzgebung; *Josef Isensee*, Volksgesetzgebung – Vitalisierung oder Störung der parlamentarischen Demokratie?, in: DVBl. 2001, S. 1161 ff. (1167); *Peter M. Huber*, Die Vorgaben des Grundgesetzes für kommunale Bürgerbegehren und Bürgerentscheide, in: AöR 126 (2001), S. 165 ff. (183 ff.); *ders.*, Volksgesetzgebung und Ewigkeitsgarantie, München 2003, S. 39 ff.; *Sebastian Müller-Franken*, Plebiszitäre Demokratie und Haushaltsgewalt, in: Der Staat 44 (2005), S. 19 ff. (30 f.).

145 Wie hier *Sebastian Müller-Franken*, Plebiszitäre Demokratie und Haushaltsgewalt, in: Der Staat 44 (2005), S. 19 ff. (29 ff.); *Peter Badura*, Plebiszitäre Ergänzung oder Verformung des parlamentarischen Regierungssystems in der Bundesverfassung, in: Ruffert (Hrsg.), Festschrift Schröder, Berlin 2012, S. 307 ff. (312); *Markus Möstl*, Elemente direkter Demokratie als Entwicklungsperspektive, in: VVDStRL 72 (2013), S. 355 ff. (366 f.).

146 *Markus Möstl*, Elemente direkter Demokratie als Entwicklungsperspektive, in: VVDStRL 72 (2013), S. 355 ff. (367); darstellend *Peter Neumann*, Sachunmittelbare Demokratie, Baden-Baden 2009, S. 342 Rn. 654. Mit Blick auf die Bayerische Verfassung so auch *BayVerfGHE* 53, 42 (61 f.) – Volksbegehren.

147 A. A. *Horst Dreier/Fabian Wittreck*, Repräsentative und direkte Demokratie im Grundgesetz, in: Feld/Huber/Jung/Welzel/Wittreck (Hrsg.), Jahrbuch für direkte Demokratie 2009, Baden-Baden 2010, S. 11 ff. (16 ff.); *Fabian Wittreck*, Direkte Demokratie vor Gericht oder: Direkte Demokratie und Verfassungsgerichtsbarkeit – Ein gestörtes Verhältnis?, in: Heußner/Jung (Hrsg.), Mehr direkte Demokratie wagen, 2. Aufl., München 2009, S. 397 ff. (406 ff.); mit ähnlicher Tendenz auch *Hasso Hofmann*, Bundesstaatliche Spaltung des Demokratiebegriffs?, in: Hofmann (Hrsg.), Verfassungsrechtliche Perspektiven, Tübingen 1995, S. 146 ff. (151); *Sebastian Unger*, Das Verfassungsprinzip der Demokratie, Tübingen 2008, S. 79 f., 241 ff., 288 ff. und 303.

148 Aus der Rechtsprechung hierzu *BVerfGE* 123, 267 (367) – Lissabon-Vertrag; *StGH Bremen*, NVwZ-RR 2001, 1 ff. – Plebiszitäre Gesetzgebung; *ThürVerfGH*, ThürVBl. 2002, S. 31 ff. – Volksgesetzgebung; anders, wenngleich nicht die verfassungsrechtlichen Grenzen einer möglichen Grundgesetzergänzung auslotend, *SächsVerfGH*, in: SächsVBl. 2002, S. 236 ff. – Volksgesetzgebungsverfahren; sehr kritisch zu dieser Entscheidung *Peter Badura*, Plebiszitäre Ergänzung oder Verformung des parlamentarischen Regierungssystems in der Bundesverfassung, in: Ruffert (Hrsg.), Festschrift Schröder, Berlin 2012, S. 307 ff. (312). Aus dem Schrifttum stellvertretend und m. w. N. *Martin Paus/Ansgar Schmidt*, Das Grundgesetz und die direkte Demokratie auf staatlicher und kommunaler Ebene, in: JA 2012, S. 48 ff. (50); *Markus Möstl*, Elemente direkter Demokratie als Entwicklungsperspektive, in: VVDStRL 72 (2013), S. 355 ff. (366 ff.); aus der Kommentarliteratur *Bernd Grzeszick*, in: Dürig/Herzog/Scholz (Hrsg.), GG, München, Stand: 103. Erg.-Lfg. (Januar 2024), Art. 20 Rn. 79; monographisch *Karsten Bugiel*, Volkswille und repräsentative Entscheidung, Baden-Baden 1991, S. 79; *Hans-Peter Hufschlag*, Einfügung plebiszitärer Komponenten in das Grundgesetz?, Baden-Baden 1999, S. 126 f.; *Christian Waldhoff*, Der positive und der negative Verfassungsvorbehalt, Baden-Baden 2016, S. 36 ff. Aus politikwissenschaftlicher Sicht *Andreas Kost*, Direkte Demokratie, Wiesbaden 2008, S. 68; *Frank Decker*, Volksgesetzgebung und parlamentarisches Regierungssystem, in: Münch/Hornig/Kranenpohl (Hrsg.), Direkte Demokratie, Baden-Baden 2014, S. 23 ff. (30 ff.). Darstellung dieser Ansicht

m. w. N. bei *Peter Neumann*, Sachunmittelbare Demokratie, Baden-Baden 2009, S. 342 Rn. 654.

149 Diese entfaltet sich durch die *Volksinitiative*, gerichtet auf die Behandlung bzw. Annahme einer (Gesetzes-)Vorlage im Parlament, durch das *Volksbegehren*, abzielend auf die Durchführung eines Volksentscheides im Falle einer parlamentarischen Verwerfung der (Gesetzes-)Vorlage und schließlich durch den *Volksentscheid*, die direkte Entscheidung der Bürger über Annahme oder Ablehnung der (Gesetzes-)Vorlage.

150 Zu möglichen Anwendungsfeldern aus politikwissenschaftlicher Perspektive *Werner J. Patzelt*, Welche plebiszitären Instrumente können wir brauchen? Einige systematische Überlegungen, in: Feld/Huber/Jung/Welzel/Wittreck (Hrsg.), Jahrbuch für direkte Demokratie 2010, Baden-Baden 2011, S. 63 ff. (94 f.); aus rechtswissenschaftlicher Sicht *Sebastian Müller-Franken*, Referendum versus Volksgesetzgebung, in: Baus/Montag (Hrsg.), Perspektiven und Grenzen „direkter Demokratie", Berlin 2012, S. 51 ff. (59 f.).

151 Näher hierzu *Sebastian Müller-Franken*, Referendum versus Volksgesetzgebung, in: Baus/Montag (Hrsg.), Perspektiven und Grenzen „direkter Demokratie", Berlin 2012, S. 51 ff. (58 ff.).

152 Vgl. dazu *Werner J. Patzelt*, Welche plebiszitären Instrumente können wir brauchen? Einige systematische Überlegungen, in: Feld/Huber/Jung/Welzel/Wittreck (Hrsg.), Jahrbuch für direkte Demokratie 2010, Baden-Baden 2011, S. 63 ff. (92).

153 Zur Einbeziehung der Freiheit der Betätigung in die Garantie des Art. 21 Abs. 1 Satz 2 GG siehe *BVerfGE* 104, 14 (19) – Wahlkreiseinteilung Krefeld; *BVerfGE* 111, 382 (409) – Drei-Länder-Quorum *BVerfGE* 161, 136 (150 Rn. 48) – Wahlprüfungsbeschwerde NPD. Aus dem Schrifttum *Rudolf Streinz*, in: Huber/Voßkuhle (Hrsg.), GG, 8. Aufl., München 2024, Art. 21 Rn. 100; *Hans Hugo Klein*, in: Dürig/Herzog/Scholz (Hrsg.), GG, München, Stand: 103. Erg.-Lfg. (Januar 2024), Art. 21 Rn. 249.

154 Siehe hierzu oben S. 9 f.

155 Vgl. hierzu *BVerfGE* 111, 382 (409) – Drei-Länder-Quorum; *Winfried Kluth*, in: Epping/Hillgruber (Hrsg.), BeckOK Grundgesetz, München, Stand: 57. Edition 2024, Art. 21 Rn. 111; *Jörn Ipsen/Thorsten Koch*, in: Sachs (Hrsg.), GG, 9. Aufl., München 2021, Art. 21 Rn. 32; *Rudolf Streinz*, in: Huber/Voßkuhle (Hrsg.), GG, 8. Aufl., München 2024, Art. 21 Rn. 108; *Hans Hugo Klein*, in: Dürig/Herzog/Scholz (Hrsg.), GG, München, Stand: 103. Erg.-Lfg. (Januar 2024), Art. 21 Rn. 278.

156 Nicht zuletzt deshalb ist es auch mit Blick auf die Parteienfreiheit verfassungswidrig, wenn der Staat den Parteien durch ein Paritätsgesetz die Aufstellung von Listen vorzuschreiben sucht, die abwechselnd aus Frauen und Männern bestehen müssen. Siehe dazu *BVerfGE* 156, 224 (262 Rn. 104 ff.) – Paritätsgesetz; *ThürVerfGH*, NVwZ 2020, S. 1266 ff. (1267 Rn. 74) – Thüringer Paritätsgesetz; vgl. auch *BbgVerfG*, NVwZ 2021, S. 65 ff. (65 Rn. 150) – Brandenburgisches Paritätsgesetz. Aus dem Schrifttum dazu stellvertretend *Hermann Butzer*, in: Epping / Hillgruber (Hrsg.), BeckOK Grundgesetz, München, Stand: 57. Edition 2024, Art. 38 Rn. 81, v. a. 81.1 ff.

157 Siehe hierzu bereits S. 10 f.

158 In diesem Falle wäre sowohl der auf die Partei „Die Linke" entfallene Stimmanteil von 4,9 % als auch der auf die „Sonstigen" entfallende Stimmanteil in Höhe von 8,6 % ohne parlamentarische Abbildung geblieben; siehe dazu die Darstellung der Bundeswahlleiterin, abrufbar unter https://www.bundeswahlleiterin.de/bundestagswahlen/2021/ergebnisse/bund-99.html#stimmentabelle14 (15.6.2024). – Verankert war die seinerzeitige Grundmandatsklausel in § 6 Abs. 3 BWahlG in der Fassung vom 3. Juni 2021 (BGBl. 2021 I S. 1482). Durch die Wahlrechtsreform von 2023 wurde sie abgeschafft; siehe hierzu Art. 2 des Gesetzes zur Änderung des Bundeswahlgesetzes und des Fünfundzwanzigsten Gesetzes zur Änderung des Bundeswahlgesetzes vom 8. Juni 2023 (BGBl. 2023 I Nr. 147, berichtigt durch Nr. 198). Demgegenüber ordnete das Bundesverfassungsgericht in seinem Urteil zu dieser Reform bis zu einer gesetzlichen Neuregelung ihre Fortgeltung in modifizierter Form an; siehe dazu *BVerfG*, Urt. vom 30. Juli 2024 (Az. 2 BvF 1/23 u.a.), BeckRS 2024, 18497, Rn. 288 ff. – Wahlrechtsreform 2023.

159 Siehe die Darstellung der Bundeswahlleiterin, abrufbar unter https://www.bundeswahlleiterin.de/bundestagswahlen/2013/ergebnisse/bund-99.html (15.6.2024).

160 Eigene Berechnung. Das ergibt sich aus der Anzahl der Zweitstimmen, die bei den Bundestagswahlen zwischen 1953 und 2009 – (erst) seit 1953 bezieht sich die 5 %-Klausel, anders als noch bei den Bundestagswahlen 1949, auf die bundesweit abgegebenen gültigen Stimmen – „verloren" gegangen sind; siehe dazu die Darstellung der jeweiligen Bundestagswahlergebnisse durch den Bundeswahlleiter, allesamt einsehbar unter https://bundeswahlleiterin.de/bundestagswahlen/1953.html (15.6.2024).

161 Siehe hierzu *BVerfGE* 82, 322 (338 f.) – Gesamtdeutsche Wahl; *BVerfGE* 131, 316 (334 ff.) – Negatives Stimmgewicht; *BVerfGE* 95, 336 (366) – Überhangmandate II; *BVerfGE* 95, 408 (417 ff.) – Grundmandatsklausel I; *BVerfGE* 122, 304 (314 f.) – Wahlprüfungsbeschwerde nach Ende der Wahlperiode; *BVerfGE* 146, 327 (353 Rn. 67) – Eventualstimme; *BVerfG*, Urt. vom 30. Juli 2024 (Az. 2 BvF 1/23 u. a.), BeckRS 2024, 18497, Rn. 224 ff. – Wahlrechtsreform 2023; aus dem Schrifttum so auch *Klein/Schwarz*, in: Dürig/Herzog/Scholz (Hrsg.), GG, München, Stand: 103. Erg.-Lfg. (Januar 2024), Art. 38 Rn. 137; *Hans Meyer*, Demokratie als Verfassungsprinzip, in: Isensee/Kirchhof (Hrsg.), HStR, 3. Aufl., Bd. III, Heidelberg 2005, § 46 Rn. 36 ff. – Mit der Begründung, dass eine mögliche Parteienzersplitterung die Funktionsfähigkeit des Europäischen Parlaments nicht in gleicher Weise beeinträchtige wie die des Deutschen Bundestages anders für Sperrklauseln im Europawahlrecht *BVerfGE* 129, 300 (324 ff.) – Abgeordnete Europaparlament; *BVerfGE* 135, 259 (280 ff. Rn. 34 ff.) – 3 %-Sperrklausel; *BVerfGE* 146, 327 (354, 357 Rn. 67 und 76) – Eventualstimme.

162 *BVerfG*, Urt. vom 30. Juli 2024 (Az. 2 BvF 1/23 u. a.), BeckRS 2024, 18497, Rn. 233 ff. – Wahlrechtsreform 2023.

163 *BVerfG*, Urt. vom 30. Juli 2024 (Az. 2 BvF 1/23 u. a.), BeckRS 2024, 18497, Rn. 247 – Wahlrechtsreform 2023.

164 Anderes könnte lediglich dann zu gelten haben, wenn die sperrklauselbedingte Nichtberücksichtigung von Stimmen einen – gegenwärtig nicht erkennbaren – Umfang erreichte, der die Integrationsfunktion der Wahl beeinträchtigen würde. *BVerfG*, Urt. vom 30. Juli 2024 (Az. 2 BvF 1/23 u. a.), BeckRS 2024, 18497, Rn. 248 – Wahlrechtsreform 2023.

165 *BVerfG*, Urt. vom 30. Juli 2024 (Az. 2 BvF 1/23 u. a.), BeckRS 2024, 18497, Rn. 248 – Wahlrechtsreform 2023.

166 Diese Voraussetzung ist nach bundesverfassungsgerichtlichem Verständnis gegeben, wenn die betreffenden Parteien erstens die Absicht haben, aufgrund gleichgerichteter politischer Ziele eine Fraktion im Bundestag zu bilden, zweitens eine solche gemeinsame Fraktion bereits bisher bestanden hat und drittens ein Verzicht auf Wettbewerb untereinander dadurch erfolgt, dass Landeslisten nur in unterschiedlichen Ländern eingereicht werden; so *BVerfG*, Urt. vom 30. Juli 2024 (Az. 2 BvF 1/23 u. a.), BeckRS 2024, 18497, Rn. 258 – Wahlrechtsreform 2023.

167 Das folgt bereits aus dem bundesverfassungsgerichtlich postulierten Erfordernis einer schon bisher bestehenden gemeinsamen Fraktion im Bundestag. Siehe dazu auch *Fabian Michl/Johanna Mittrop*, Zwischen Prinzipientreue und Pragmatismus. Das Urteil des Bundesverfassungsgerichts zur Wahlrechtsreform der Ampelkoalition, in: Verfassungsblog vom 31. Juli 2024, abrufbar unter https://verfassungsblog.de/zwischen-prinzipietreue-und-pragmatismus/ (31.7.2024).

168 *BVerfG*, Urt. vom 30. Juli 2024 (Az. 2 BvF 1/23 u. a.), BeckRS 2024, 18497, Rn. 249 ff., v. a. 259 ff., und 273 ff. – Wahlrechtsreform 2023.
169 *BVerfG*, Urt. vom 30. Juli 2024 (Az. 2 BvF 1/23 u. a.), BeckRS 2024, 18497, Rn. 240 ff. – Wahlrechtsreform 2023.
170 Aus dem Schrifttum so etwa auch *Eckhard Jesse*, Parteien unter Druck. Wandlungen der Parteienlandschaft im Zeichen der Polarisierung, in: Uhle/Friehe (Hrsg.), Polarisierung des Politischen – Gesellschaftliche Herausforderungen und institutionelle Konsequenzen, Berlin 2022, S. 11 ff. (32). – Die Ableitung einer verfassungsrechtlichen Verpflichtung zur Einführung einer solchen Nebenstimme negiert *BVerfGE* 146, 327 (359 ff. Rn. 80 ff.) – Eventualstimme.
171 Dazu *Joachim Linck*, Zur verfassungsnäheren Gestaltung der 5-%-Klausel, in: DÖV 1984, S. 884 ff. (885 f.); *Karl-Otto Zimmer*, Nochmals: Zur verfassungsnäheren Gestaltung der 5-%-Klausel, in: DÖV 1985, S. 101 ff. (101); *Franziska Buchwald/Jochen Rauber/Bernd Grzeszick*, Die landtagswahlrechtliche Sperrklausel in der Rechtsprechung des VerfGH des Saarlandes, in: LKRZ 2012, S. 441 ff. (444 f.); *Hans Herbert von Arnim*, Was aus dem Urteil des Bundesverfassungsgerichts zur 5-Prozent-Klausel bei Europawahlen folgt, in: DÖV 2012, S. 224 ff. (225); *Matthias Damm*, Die Nebenstimme bei Bundestagswahlen: Wer A sagt, darf auch B sagen?, in: DÖV 2013, S. 913 ff. (917 ff.); *Hermann K. Heußner*, Die 5 %-Sperrklausel: Nur mit Hilfsstimme!, in: LKRZ 2014, S. 7 ff. (9 ff.); *Frederic Graeb/Angelika Vetter*, Ersatzstimme statt personalisierter Verhältniswahl: Mögliche Auswirkungen auf die Wahlen zum Deutschen Bundestag, in: ZParl (49) 2018, S. 552 ff.; *Karl Ludwig Strelen*, in: Schreiber (Hrsg.), BWahlG, 10. Aufl. 2017 (Altauflage), § 6 Rn. 37.
172 In Anlehnung an *Eckhard Jesse*, Parteien unter Druck. Wandlungen der Parteienlandschaft im Zeichen der Polarisierung, in: Uhle/Friehe (Hrsg.), Polarisierung des Politischen – Gesellschaftliche Herausforderungen und institutionelle Konsequenzen, Berlin 2022, S. 11 ff. (32); *Frank Decker*, Wenn die Populisten kommen, Berlin 2013, S. 231 f.
173 Hierzu näher *Franziska Buchwald/Jochen Rauber/Bernd Grzeszick*, Die landtagswahlrechtliche Sperrklausel in der Rechtsprechung des VerfGH des Saarlandes, in: LKRZ 2012, S. 441 ff. (444 f.); *Matthias Damm*, Die Nebenstimme bei Bundestagswahlen: Wer A sagt, darf auch B sagen?, in: DÖV 2013, S. 913 ff. (919); *Hermann K. Heußner*, Die 5 %-Sperrklausel: Nur mit Hilfsstimme!, in: LKRZ 2014, S. 7 ff. (9 f.).
174 *BVerfGE* 6, 273 (280) – Gesamtdeutsche Volkspartei; *BVerfGE* 47, 198 (225) – Wahlwerbesendungen; *BVerfGE* 52, 63 (88) – 2. Parteispenden-Urteil; *BVerfGE* 73, 40 (65) – 3. Parteispendenurteil; *Ru-*

dolf Streinz, in: Huber/ Voßkuhle (Hrsg.), GG, 8. Aufl., München 2024, Art. 21 Rn. 119; *Hans Hugo Klein*, in: Dürig / Herzog / Scholz (Hrsg.), GG, München, Stand: 103. Erg.-Lfg. (Januar 2024), Art. 21 Rn. 304.

175 Der Grundsatz der Gleichheit der Wahl soll insofern nicht nur jedem Bürger die formal gleiche Teilhabe an Wahlen, sondern darüber hinaus auch den Parteien eine Gleichbehandlung insbesondere im Vorfeld von Wahlen garantieren, so ausdrücklich BVerfGE 156, 224 (244 Rn. 57) – Paritätsgesetz; *Winfried Kluth*, in: Epping / Hillgruber (Hrsg.), BeckOK Grundgesetz, München, Stand: 57. Edition 2024, Art. 21 Rn. 133; *Jörn Ipsen / Thorsten Koch*, in: Sachs (Hrsg.), GG, 9. Aufl., München 2021, Art. 21 Rn. 33.

176 BVerfGE 107, 286 (294) – Kommunalwahl-Sperrklausel II; BVerfGE 111, 54 (104) – Rechenschaftsbericht; BVerfGE 111, 382 (398) – Drei-Länder-Quorum; *Martin Morlok*, in: Dreier (Hrsg.), Grundgesetz-Kommentar, Bd. II, 3. Aufl., München 2015, Art. 21 Rn. 78; *Markus Heintzen*, Die politischen Parteien, in: Stern / Sodan / Möstl (Hrsg.), Das Staatsrecht der Bundesrepublik Deutschland im europäischen Staatenverbund, Bd. II, 2. Aufl., München 2022, § 32 Rn. 63.

177 In neuerer Rechtsprechung geht das Bundesverfassungsgericht von einer alleinigen Aktualisierung von Art. 21 Abs. 1 Satz 1 GG aus, in dem es das Recht der Parteien, gleichberechtigt am politischen Wettbewerb teilzunehmen, verankert sieht, BVerfGE 166, 93 (155 Rn. 168, 170) – Desiderius-Erasmus-Stiftung; so auch BVerfGE 148, 11 (24 Rn. 42) – Äußerungsrecht Bundesministerin; BVerfGE 154, 320 (334 Rn. 46) – Seehofer-Interview; BVerfGE 162, 207 (227 Rn. 69) – Äußerungsrecht Bundeskanzlerin.

178 Der Grundsatz gleicher Wettbewerbschancen verlangt, dass „die Rechtsordnung jeder Partei grundsätzlich die gleichen Möglichkeiten im Wahlkampf und Wahlverfahren und damit die gleiche Chance im Wettbewerb um die Wählerstimmen gewährleistet"; so BVerfGE 34, 160 (163) – Wahlsendung NPD; vgl. BVerfGE 148, 11 (25 Rn. 46) – Äußerungsrecht Bundesministerin; BVerfGE 154, 320 (335 Rn. 46) – Seehofer-Interview; *Martin Morlok*, in: Dreier (Hrsg.), Grundgesetz-Kommentar, Bd. II, 3. Aufl., München 2015, Art. 21 Rn. 78.

179 So bereits *Karl-Heinz Seifert*, Die politischen Parteien im Recht der Bundesrepublik Deutschland, Köln 1975, S. 134; aus dem jüngeren Schrifttum ebenso *Christoph Gröpl*, Staatsrecht I, 15. Aufl., München 2023, Rn. 392; *Martin Morlok*, in: Dreier (Hrsg.), Grundgesetz-Kommentar, Bd. II, 3. Aufl., München 2015, Art. 21 Rn. 84; *Hans Hugo Klein*, in: Dürig / Herzog / Scholz (Hrsg.), GG, München, Stand: 103. Erg.-Lfg. (Januar 2024), Art. 21 Rn. 297.

180 *BVerfGE* 14, 121 (137) – FDP-Sendezeit; *BVerfGE* 24, 300 (354 f.) – Wahlkampfkostenpauschale; *Anika Klafki*, in: v. Münch / Kunig (Hrsg.), Grundgesetz-Kommentar, 7. Aufl., München 2021, Art. 21 Rn. 47; *Rudolf Streinz*, in: Huber / Voßkuhle (Hrsg.), GG, 8. Aufl., München 2024, Art. 21 Rn. 125 ff.; *Hans Hugo Klein*, in: Dürig / Herzog / Scholz (Hrsg.), GG, München, Stand: 103. Erg.-Lfg. (Januar 2024), Art. 21 Rn. 309.

181 Vgl. *Jörn Ipsen*, in: ders. (Hrsg.), Parteiengesetz, 2. Aufl., München 2018, § 5 Rn. 37.

182 Im Ergebnis mit gleicher Tendenz *Michael Droege*, Neutralität oder Parlamentsvorbehalt – Verfassungsgerichtliche Leitmarken zur staatlichen Finanzierung politischer Stiftungen, in: npoR 2023, S. 275 ff. (276); *Horst Meier*, Warum die AfD-nahe Stiftung bei der staatlichen Finanzierung nicht benachteiligt werden darf, in: RuP 2023, 147 ff. (148); *Winfried Kluth*, in: Epping / Hillgruber (Hrsg.), BeckOK Grundgesetz, München, Stand: 57. Edition 2024, Art. 21 Rn. 138.

183 In concreto ging es um die Teilnahme des „Bündnisses Sahra Wagenknecht" an der „Wahlarena 2024 Europa" des WDR. Siehe hierzu *VG Köln*, Urt. vom 29. Mai 2024 (Az. 6 L 928/24); *OVG Münster*, Urt. vom 5. Juni 2024 (Az. 13 B 494/24). Der WDR hat zwischenzeitlich angekündigt, gegen die Entscheidung des *OVG Münster* Verfassungsbeschwerde zu erheben. Siehe hierzu https://www.welt.de/kultur/medien/article251895136/WDR-kuendigt-wegen-BSW-Urteil-Verfassungsbeschwerde-an.html (15.6.2024).

184 *Christian Waldhoff*, Parteien-, Wahl- und Parlamentsrecht, in: Herdegen / Masing / Poscher / Gärditz (Hrsg.), Handbuch des Verfassungsrechts, München 2021, § 10 Rn. 111.

185 *BVerfGE* 20, 56 (104) – Parteienfinanzierung I.

186 *BVerfGE* 93, 195 (204) – Ausschluss Untersuchungsausschuss; *BVerfGE* 112, 118 (133) – Vermittlungsausschuss; *BVerfGE* 135, 317 (394 Rn. 154) – Europäischer Stabilitätsmechanismus; vgl. auch *BVerfGE* 80, 188 (218) – Wüppesahl; *BVerfGE* 96, 264 (278) – Fraktions- und Gruppenstatus; *BVerfGE* 137, 185 (230 Rn. 129) – Rüstungsexporte.

187 *BVerfGE* 93, 195 (204) – Ausschluss Untersuchungsausschuss; *BVerfGE* 112, 118 (133) – Vermittlungsausschuss; *BVerfGE* 130, 318 (354) – Stabilisierungsmechanismusgesetz; *BVerfGE* 135, 317 (396, Rn. 153) – Europäischer Stabilisierungsmechanismus; *BVerfGE* 140, 115 (151 Rn. 92) – Spiegelbildlichkeit Vermittlungsausschuss; *BVerfGE* 142, 25 (61 Rn. 97) – Oppositionsfraktionsrechte; *BVerfGE* 154, 1 (12

Rn. 29) – Rechtsausschussvorsitzender; *BVerfGE* 160, 411 (420 Rn. 28) – Bundestagsvizepräsident; aus dem Schrifttum *Joachim Scherer*, Fraktionsgleichheit und Geschäftsordnungskompetenz des Bundestages, in: AöR 112 (1987), S. 189 ff. (193 ff.); *Hans-Peter Schneider*, Das Parlamentsrecht im Spannungsfeld von Mehrheitsentscheidung und Minderheitsschutz, in: Badura/Dreier (Hrsg.), Festschrift 50 Jahre BVerfG, Bd. II, Tübingen 2001, S. 627 ff. (647 f.); *Hermann Butzer*, in: Epping/Hillgruber (Hrsg.), BeckOK Grundgesetz, München, Stand: 57. Edition 2024, Art. 38 Rn. 138; *Martin Morlok*, in: Dreier (Hrsg.), Grundgesetz-Kommentar, Bd. II, 3. Aufl., München 2015, Art. 38 Rn. 187; *Klein/Schwarz*, in: Dürig/Herzog/Scholz (Hrsg.), GG, München, Stand: 103. Erg.-Lfg. (Januar 2024), Art. 38 Rn. 283; *Philipp Austermann/Christian Waldhoff*, Parlamentsrecht, Heidelberg 2020, Rn. 261; *Sebastian Kluckert*, Mandat und Status des Abgeordneten, in: Stern/Sodan/Möstl (Hrsg.), Das Staatsrecht der Bundesrepublik Deutschland im europäischen Staatenverbund, 2. Aufl., München 2022, Bd. II, § 35 Rn. 48; vgl. auch *Ernst-Wolfgang Böckenförde*, Demokratie als Verfassungsprinzip, in: Isensee/Kirchhof (Hrsg.), HStR, 3. Aufl., Bd. II, Heidelberg 2004, § 24 Rn. 45.

188 Wie hier auch *BVerfGE* 160, 411 (420 Rn. 28) – Bundestagsvizepräsident.

189 *Steffen Detterbeck*, Bundestagsvizepräsidentenwahl nach § 2 Abs. 1 S. 2 GOBT und Schutz parlamentarischer Minderheiten, in: Hilpold/Perathoner (Hrsg.), Völkerrecht – Europarecht – Deutsches Recht, Festschrift für Gilbert Honig, Bd. II, Wien 2023, S. 611 ff. (616 f.).

190 *BVerfGE* 160, 368 (404 f. Rn. 106 f.) – Vorschlagsrecht Bundestagsvizepräsident; aus dem Schrifttum *Ritzel/Bücker/Schreiner/Winkelmann*, Handbuch für die parlamentarische Praxis, Köln, Stand: März 2023, Bd. 2, § 2 GOBT Anm. I 2 b).

191 *Steffen Detterbeck*, Bundestagsvizepräsidentenwahl nach § 2 Abs. 1 S. 2 GOBT und Schutz parlamentarischer Minderheiten, in: Hilpold/Perathoner (Hrsg.), Völkerrecht – Europarecht – Deutsches Recht, Festschrift für Gilbert Honig, Bd. II, Wien 2023, S. 611 ff. (616 ff.).

192 *BVerfGE* 160, 411 (419 ff. Rn. 27 ff.) – Bundestagsvizepräsident. Zu dieser Entscheidung etwa *Christian Waldhoff*, Mitwirkungsbefugnisse der Abgeordneten aus Art. 39 I 2 GG, in: JuS 2022, S. 987 ff.; *Christian Hillgruber*, Erfolgloses Organstreitverfahren der AfD-Bundestagsfraktion zur Wahl eines Vizepräsidenten/einer Vizepräsidentin des Deutschen Bundestages, in: JA 2022, S. 521 ff.; zuletzt *André Kruschke*, Zur Chancengleichheit von Abgeordneten und Fraktionen im Deutschen Bundestag, in: DÖV 2023, S. 109 ff.

193 *BVerfGE* 160, 411 (420 Rn. 29) – Bundestagsvizepräsident.
194 *BVerfGE* 160, 411 (421 Rn. 31) – Bundestagsvizepräsident.
195 *BVerfGE* 160, 411 (422 Rn. 34) – Bundestagsvizepräsident.
196 *BVerfGE* 160, 411 (423 Rn. 38) – Bundestagsvizepräsident.
197 *BVerfGE* 160, 411 (419 Rn. 27) – Bundestagsvizepräsident.
198 *BVerfGE* 160, 411 (423 f. Rn. 39) – Bundestagsvizepräsident.
199 *BVerfGE* 160, 368 (398 Rn. 87) – Vorschlagsrecht Bundestagsvizepräsident; *Berthold Stevens*, Die Rechtsstellung der Bundestagsfraktionen, 2000, S. 100; *Steffen Detterbeck*, Bundestagsvizepräsidentenwahl nach § 2 Abs. 1 S. 2 GOBT und Schutz parlamentarischer Minderheiten, in: Hilpold / Perathoner (Hrsg.), Völkerrecht – Europarecht – Deutsches Recht, Festschrift für Gilbert Honig, Bd. II, Wien 2023, S. 611 ff. (619).
200 So zu Recht auch *Christian Hillgruber*, Erfolgloses Organstreitverfahren der AfD-Bundestagsfraktion zur Wahl eines Vizepräsidenten / einer Vizepräsidentin des Deutschen Bundestages, in: JA 2022, S. 521 ff. (523). – Zur Durchführung der Wahl der Vizepräsidenten und zum Scheitern der Wahlvorschläge der AfD-Fraktion in der 19. Wahlperiode *Philipp Austermann*, Polarisierung im Parlament. Herausforderungen für die parlamentarische Selbstorganisation, in: Uhle / Friehe (Hrsg.), Polarisierung des Politischen. Gesellschaftliche Herausforderungen und institutionelle Konsequenzen, Berlin 2022, S. 89 ff. (95 f.).
201 *Steffen Detterbeck*, Bundestagsvizepräsidentenwahl nach § 2 Abs. 1 S. 2 GOBT und Schutz parlamentarischer Minderheiten, in: Hilpold / Perathoner (Hrsg.), Völkerrecht – Europarecht – Deutsches Recht, Festschrift für Gilbert Honig, Bd. II, Wien 2023, S. 611 ff. (619 f. m. w. N.).
202 Zur Geltung dieses Grundsatzes auch für Entscheidungen des Deutschen Bundestages über die Besetzung von Untergliederungen, Leitungsämtern und insofern prinzipiell auch für die hier betroffene Vizepräsidentenwahl des Deutschen Bundestages *BVerfGE* 160, 411 (420 Rn. 28) – Bundestagsvizepräsident.
203 Vgl. für Art. 39 Abs. 3 SächsVerf, der inhaltlich Art. 38 Abs. 1 Satz 2 GG entspricht, *SächsVerfGH*, LKV 1996, S. 295 ff. (297) – Parlamentarische Kontrollkommission.
204 Wie hier, auch zum Folgenden, *Steffen Detterbeck*, Bundestagsvizepräsidentenwahl nach § 2 Abs. 1 S. 2 GOBT und Schutz parlamentarischer Minderheiten, in: Hilpold / Perathoner (Hrsg.), Völkerrecht – Europarecht – Deutsches Recht, Festschrift für Gilbert Honig, Bd. II, Wien 2023, S. 611 ff. (622 ff.).
205 In der 16. Wahlperiode des Deutschen Bundestages etwa scheiterte wiederholt die Wahl eines Vizepräsidentenkandidaten, den die

Fraktion „Die Linke" vorgeschlagen hatte. Dazu *Sebastian Lovens*, Der Bundestag zwischen Wahl und Entsendung zu seinem Präsidium: die Causa Bisky, in: ZParl (39) 2008, S. 18 ff.; *Thomas Darsow*, Über die Grenzen des Gutgemeinten – zum Wahlgeschehen eines Vizepräsidenten des Deutschen Bundestags, in: NVwZ 2019, S. 1013 ff. (1014); *Ritzel/Bücker/Schreiner/Winkelmann* (Hrsg.), Handbuch für die parlamentarische Praxis, Köln, Stand: März 2023, Bd. 2, § 2 GOBT Anm. II 3.

206 *SächsVerfGH*, LKV 1996, S. 295 ff. (295 [LS 4] und 297) – Parlamentarische Kontrollkommission. In der Sache so auch *ThürVerfGH*, Urt. vom 14. Oktober 2020 (Az. 106/20), BeckRS 2020, 33783, Rn. 38.

207 Wie hier *Steffen Detterbeck*, Bundestagsvizepräsidentenwahl nach § 2 Abs. 1 S. 2 GOBT und Schutz parlamentarischer Minderheiten, in: Hilpold/Perathoner (Hrsg.), Völkerrecht – Europarecht – Deutsches Recht, Festschrift für Gilbert Honig, Bd. II, Wien 2023, S. 611 ff. (625 ff.).

208 *SächsVerfGH*, LKV 1996, S. 295 ff. (295 [LS 5] und 298) – Parlamentarische Kontrollkommission.

209 Dezidiert abgelehnt durch *BVerfGE* 160, 411 (421 f. Rn. 33) – Bundestagsvizepräsident.

210 Das Bundesverfassungsgericht stellt Letzteres in seiner Rechtsprechung zur staatlichen Parteienfinanzierung für neu entstehende und kleinere Parteien durch die Forderung sicher, dass der Mindeststimmenanteil für den Eintritt in die staatliche Parteienfinanzierung „erheblich unter der Grenze von 5 v. H. liegen [müsse]", so *BVerfGE* 85, 264 (293 f.) – Parteienfinanzierung II. Siehe zuvor bereits *BVerfGE* 20, 56 (117 f.) – Parteienfinanzierung I; *BVerfGE* 24, 300 (339 ff., 342 f.) – Wahlkampfkostenpauschale; dazu auch *Thorsten Koch*, in: Ipsen (Hrsg.), Parteiengesetz, 2. Aufl., München 2018, § 18 Rn. 19; *Kyrill-Alexander Schwarz*, in: Kersten/Rixen (Hrsg.), Parteiengesetz, Stuttgart 2009, § 18 Rn. 36; vgl. auch *Charlotte Lenski*, Parteiengesetz und Recht der Kandidatenaufstellung. Handkommentar, Baden-Baden 2011, § 18 Rn. 33. – § 18 Abs. 4 Satz 1 Halbsatz 1 PartG nominiert diesbezüglich den Grundsatz, dass Anspruch auf staatliche Mittel Parteien haben, „die nach dem endgültigen Wahlergebnis der jeweils letzten Europa- oder Bundestagswahl mindestens 0,5 vom Hundert oder einer Landtagswahl 1,0 vom Hundert der für die Listen abgegebenen gültigen Stimmen erreicht haben."

211 Hierfür exemplarisch etwa *Anna-Bettina Kaiser*, Die Organisation politischer Willensbildung: Parteien, in: VVDStRL 81 (2022), S. 117 ff. (142 ff.).

212 *BVerfGE* 85, 264 (264 f. [LS 2] und 288 ff.) – Parteienfinanzierung II.

213 *BVerfGE* 165, 206 ff. (243 ff. Rn. 105 ff., v. a. Rn. 108 ff.) – Absolute Obergrenze.

214 *Kathrin Groh*, Der Wandel von Mitgliederparteien zu Wählerparteien – Setzt das Grundgesetz einen bestimmten Parteientypus voraus?, in: ZParl (43) 2012, S. 784 ff. (797); *Anna-Bettina Kaiser*, Die Organisation politischer Willensbildung: Parteien, in: VVDStRL 81 (2022), S. 117 ff. (143 f.).

215 Siehe zu den Nachweisen der Mitgliederzahlen der einzelnen Parteien (der „PARTEI", der Piratenpartei, der Partei „Die Linke", den „Freien Wählern", der „AfD", der Partei „Volt" und der Partei „die Basis", des „Bündnisses Sahra Wagenknecht") Anm. 49. In dieser Zahl sind die bislang nicht publizierten Mitgliederzahlen der „Werteunion" noch nicht enthalten.

216 Siehe hierzu https://de.statista.com/statistik/daten/studie/192243/umfrage/mitgliederentwicklung-der-gruenen/(15.6.2024).

217 Zahlen nach https://de.statista.com/statistik/daten/studie/1214/umfrage/mitgliederentwicklung-der-spd-seit-1978/ (15.6.2024).

218 Siehe hierzu https://www.handelsblatt.com/politik/deutschland/regierungsparteien-mitgliederschwund-bei-spd-und-liberalen-wird-staerker-ex-fdp-bundesvize-verlaesst-partei/100007654.html (15.6.2024).

219 Siehe hierzu die Bundestagswahlergebnisse, abrufbar unter https://www.bundestag.de/parlament/wahlen/ergebnisse_seit1949-244692 (15.6.2024).

220 Siehe hierzu die Erhebung des Instituts für Demoskopie Allensbach, abrufbar unter https://www.ifd-allensbach.de/studien-und-berichte/sonntagsfrage/gesamt.html (15.6.2024).

221 Dazu § 18 Abs. 3 Satz 1 Nr. 3 PartG.

222 Siehe hierzu § 18 Abs. 3 Satz 1 Nr. 1, 2 und Satz 2 PartG.

223 Im Falle einer Gefährdung der Funktionsfähigkeit des Parteiensystems wäre eine Korrektur des Systems der staatlichen Parteienfinanzierung ggf. auch aus verfassungsrechtlicher Sicht veranlasst. Zur Funktionsfähigkeit der Parteien als verfassungsrechtlichem Postulat *BVerfGE* 8, 51 (63) – 1. Parteispenden-Urteil; *BVerfGE* 85, 264 (290) – Parteienfinanzierung II; *Philip Kunig*, Parteien, in: Isensee/Kirchhof (Hrsg.), HStR, Bd. III, 3. Aufl., Heidelberg 2005, § 40 Rn. 115.

224 *BVerfGE* 8, 51 (63) – 1. Parteispenden-Urteil.

225 *BVerfGE* 20, 56 (56 [LS 4 und 5] und näher 97 ff., v. a. 113 ff.) – Parteienfinanzierung I.

226 *BVerfGE* 85, 264 (264 f. [LS 2] und 284 ff., v. a. 288 ff.) – Parteienfinanzierung II.

227 *BVerfGE* 165, 206 (206 [LS 1] und 243 ff. Rn. 105 ff., v. a. Rn. 108 ff. und 115 ff.) – Absolute Obergrenze.

228 Stellvertretend dafür *Matthias Jestaedt*, Politische Parteien und Verfassungstheorie, in: Krüper/Merten/Poguntke (Hrsg.), Parteienwissenschaften, Baden-Baden 2015, S. 83 ff. (88 ff.). Zur Entwicklung der bundesverfassungsgerichtlichen Judikatur auch *Ann-Kathrin Kaufhold*, Parteienfinanzierung als Regel/Ausnahme-Entscheidung. Die strukturelle Prägung der Parteienfinanzierung durch Gerhard Leibholz, in: Kaiser (Hrsg.), Der Parteienstaat, Baden-Baden 2013, S. 141 ff. (160); aus der Kommentarliteratur *Thorsten Koch*, in: Ipsen (Hrsg.), Parteiengesetz, 2. Aufl., München 2018, Vorbemerkungen vor §§ 18 ff. Rn. 1 ff.; *Kyrill-Alexander Schwarz*, in: Kersten/Rixen (Hrsg.), Parteiengesetz, Stuttgart 2009, § 18 Rn. 9 ff.; *Charlotte Lenski*, Parteiengesetz und Recht der Kandidatenaufstellung. Handkommentar, Baden-Baden 2011, § 18 Rn. 14 ff.

229 Vgl. dazu *BVerfGE* 20, 56 (101 f., 111) – Parteienfinanzierung I; *BVerfGE* 85, 264 (287) – Parteienfinanzierung II.

230 Exemplarisch dafür aus jüngerer Zeit *Matthias Jestaedt*, Politische Parteien und Verfassungstheorie, in: Krüper/Merten/Poguntke (Hrsg.), Parteienwissenschaften, Baden-Baden 2015, S. 83 ff. (88 ff.); *Anna-Bettina Kaiser*, Die Organisation politischer Willensbildung: Parteien, in: VVDStRL 81 (2022), S. 117 ff. (138 f., 142 ff.); von einer „Hyperkonstitutionalisierung" des Art. 21 GG spricht *Julian Krüper*, Krise als Lebensform. Politische Parteien als institutionalisierte Defiziterfahrung, in: Thiele (Hrsg.), Legitimität in unsicheren Zeiten, Tübingen 2019, S. 115 ff. (117). Frühe Kritik hieran bei *Wilhelm Hennis*, Der „Parteienstaat" des Grundgesetzes. Eine gelungene Erfindung, in: ders., Auf dem Weg in den Parteienstaat, Stuttgart 1998, S. 107 ff. (117 ff.).

231 Von einer „normativen Enthaltsamkeit, die das Grundgesetz in dieser Hinsicht übt", spricht zutreffend etwa *Dieter Grimm*, Politische Parteien, in: Benda/Maihofer/Vogel, HdbVerfR, 2. Aufl., Berlin 1994, § 14 Rn. 49; vgl. zu ihr auch *Hans Hugo Klein*, in: Dürig/Herzog/Scholz (Hrsg.), GG, München, Stand: 103. Erg.-Lfg. (Januar 2024), Art. 21 Rn. 406.

232 Stellvertretend hierzu m.w.N. *Rudolf Streinz*, in: Huber/Voßkuhle (Hrsg.), GG, 8. Aufl., München 2024, Art. 21 Rn. 180.

233 Dafür etwa *Michael Koß*, Die beste aller schlechten Lösungen. Plädoyer für eine Ausweitung der staatlichen Parteienfinanzierung, in: Der Staat 57 (2018), S. 387 ff. (401); *Anna-Bettina Kaiser*, Die Organisation politischer Willensbildung: Parteien, in: VVDStRL 81 (2022), S. 117 ff. (144 ff.); mit Blick auf die Zusammenführung der Parteien- und

Fraktionsfinanzierung so auch *Martin Morlok*, Thesen zu Einzelaspekten der Politikfinanzierung, in: Tsatsos (Hrsg.), Politikfinanzierung in Deutschland und in Europa, Baden-Baden 1997, S. 77 ff. (99).

234 Zu dieser Gefahr etwa *Anna-Bettina Kaiser*, Die Organisation politischer Willensbildung: Parteien, in: VVDStRL 81 (2022), S. 117 ff. (145 f.); *Martin Morlok / Heike Merten*, Parteienrecht, Tübingen 2018, S. 203.

235 So der berechtigte Einwand von *Oliver Lepsius*, Diskussionsbeitrag, in: VVDStRL 81 (2022), S. 232 f. (233).

236 Zutreffend gesehen von *Martin Nettesheim*, Diskussionsbeitrag, in: VVDStRL 81 (2022), S. 238 ff. (239).

237 Gesetz zur Änderung des Grundgesetzes vom 13. Juli 2017 (BGBl. I S. 2346). Zu dieser Möglichkeit aus dem Schrifttum *Winfried Kluth*, Die erzwungene Verfassungsänderung: Das NPD-Urteil des Bundesverfassungsgerichts vom 17. Januar 2017 und die Reaktion des verfassungsändernden Gesetzgebers, in: ZParl (48) 2017, S. 676 ff.; *Foroud Shirvani*, Parteienfinanzierungsausschluss als verfassungsrechtliche Ausprägung streitbarer Demokratie, in: DÖV 2018, S. 921 ff.; *Michael W. Müller*, Der Ausschluss von der staatlichen Finanzierung als milderes Mittel zum Parteiverbot – Zur Systematik von Art. 21 nF GG, in: DVBl. 2018, S. 1035 ff.; *Ramin Nikkho*, Staatliche Parteienfinanzierung als verfassungsrechtliches Institut – der freie Wettbewerb als Schutz der freiheitlichen demokratischen Grundordnung, in: DVBl. 2018, S. 337 ff. – Zu Überlegungen im Vorfeld der Grundgesetzergänzung von 2017 *Martin Morlok*, Kein Geld für verfassungsfeindliche Parteien?, in: ZRP 2017, S. 66 ff.; *Frederik Ferreau*, Die Sanktionierung von Parteien und das Recht auf Chancengleichheit im politischen Wettbewerb, in: DÖV 2017, S. 494 ff.; *Hans-Werner Laubinger*, Verfassungswidrigkeit politischer Parteien: Entscheidung durch den Bundestagspräsidenten?, in: ZRP 2017, S. 55 ff.; *Volker Epping*, Eine Alternative zum Parteiverbot. Der Ausschluss von der staatlichen Parteienfinanzierung, Baden-Baden 2013.

238 Dieser Gleichlauf wird akzentuiert in *BVerfG*, NJW 2024, S. 645 ff. (656 Rn. 240 f.) – Finanzierungsausschluss NPD / Die Heimat.

239 *BVerfG*, NJW 2024, S. 645 ff. (656 Rn. 240 f., 660 ff. Rn. 277 ff., v. a. 286 ff.) – Finanzierungsausschluss NPD / Die Heimat; aus dem Schrifttum stellvertretend *Winfried Kluth*, in: Epping / Hillgruber (Hrsg.), BeckOK Grundgesetz, München, Stand: 57. Edition 2024, Art. 21 Rn. 212b; *Anika Klafki*, in: v. Münch / Kunig (Hrsg.), Grundgesetz-Kommentar, 7. Aufl., München 2021, Art. 21 Rn. 118; *Rudolf Streinz*, in: Huber / Voßkuhle (Hrsg.), GG, 8. Aufl., München 2024, Art. 21 Rn. 252b. – Zur fehlenden Identität der Tatbestandsmerkmale des „Darauf Ausgerichtetseins" in Art. 21 Abs. 3 Satz 1 GG und des „Daraus Ausgehens" in Art. 21 Abs. 2 aus dem Schrifttum auch *Foroud Shirvani*, Parteienfinanzierungsausschluss als verfassungsrechtliche Ausprägung streitbarer Demokratie, in: DÖV 2018, S. 921 ff. (924); *Michael W. Müller*, Der Ausschluss von der staatlichen Finanzierung als milderes Mittel zum Parteiverbot – Zur Systematik von Art. 21 nF GG, in: DVBl. 2018, S. 1035 ff. (1038); *Thomas Kliegel*, Das zweite NPD-Verbotsverfahren, in: Modrzejewski / Naumann (Hrsg.), Linien der Rechtsprechung des Bundesverfassungsgerichts, Bd. V, Berlin 2019, S. 375 ff. (419 f.); *Jörn Ipsen / Thorsten Koch*, in: Sachs (Hrsg.), GG, 9. Aufl., München 2021, Art. 21 Rn. 213.

240 *BVerfG*, NJW 2024, S. 645 ff. (661 Rn. 286) – Finanzierungsausschluss NPD / Die Heimat.

241 So ausdrücklich *BVerfG*, NJW 2024, S. 645 ff. (662 Rn. 289) – Finanzierungsausschluss NPD / Die Heimat in Anknüpfung an *Jan-Marcel Drossel*, Der Ausschluss von Parteien von der staatlichen Finanzierung, in: GSZ 2018, S. 97 ff. (98); *Ramin Nikkho*, Der Ausschluss aus der staatlichen Parteienfinanzierung, Baden-Baden 2021, S. 136; *Malaika Jores*, Der Ausschluss verfassungsfeindlicher Parteien von der staatlichen Parteienfinanzierung nach Art. 21 Abs. 3 GG, Baden-Baden 2021, S. 164.

242 Siehe hierzu § 46a Abs. 1 und 2 BVerfGG.

243 Der Wegfall der steuerlichen Begünstigungen ergibt sich unmittelbar aus Art. 21 Abs. 3 Satz 2 GG sowie aus entsprechenden steuerrechtlichen Regelungen; vgl. *Winfried Kluth*, in: Epping / Hillgruber (Hrsg.), BeckOK Grundgesetz, München, Stand: 57. Edition 2024, Art. 21 Rn. 212d.

244 Siehe dazu §§ 4 Abs. 1 Nr. 3 i. V. m. § 2 Abs. 3 StiftFinG. Hierzu S. 58 ff., v. a. 60.

245 Wie hier auch *Foroud Shirvani*, Finanzierungsausschluss von Parteien, in: NJW 2024, S. 624 ff. (625); zum fortbestehenden Anspruch auf Gleichbehandlung *Wolfgang Hecker*, Verweigerung der Stadthallennutzung gegenüber der NPD, in: NVwZ 2018, S. 787 ff. (789); *Winfried Kluth*, in: Epping / Hillgruber (Hrsg.), BeckOK Grundgesetz, München, Stand: 57. Edition 2024, Art. 21 Rn. 212d; vgl. *Thorsten Siegel / Sebastian Hartwig*, Die zweite Stufe des Parteiverbotsverfahrens. Zur Reichweite des so genannten Anknüpfungsverbots in den Materien des besonderen Verwaltungsrechts, in: NVwZ 2017, S. 590 ff. (597); *Michael Kloepfer*, Parteienfinanzierung und NPD-Urteil. Zum Ausschluss der staatlichen Teilfinanzierung für verfassungsfeindliche Parteien, in: NVwZ 2017, S. 913 ff. (917).

246 Vgl. *BVerfG*, NJW 2024, S. 645 ff. (654 Rn. 224) – Finanzierungsausschluss NPD/Die Heimat.
247 So *BVerfG*, NJW 2024, S. 645 ff. (662 Rn. 289) – Finanzierungsausschluss NPD/Die Heimat; *Ramin Nikkho*, Der Ausschluss aus der staatlichen Parteienfinanzierung, Baden-Baden 2021, S. 136; *Malaika Jores*, Der Ausschluss verfassungsfeindlicher Parteien von der staatlichen Parteienfinanzierung nach Art. 21 Abs. 3 GG, Baden-Baden 2021, S. 171 f.
248 Siehe für das Jahr 2020, in dem die NPD noch an der staatlichen Parteienfinanzierung partizipierte, die auf der Grundlage des in § 19a PartG geregelten Festsetzungsverfahrens erfolgte Mittelfestsetzung des Bundestagspräsidenten, im Internet abrufbar unter https://www.bundestag.de/resource/blob/835922/0853db22122a388008ce071e287d8441/finanz_20-data.pdf (15.6.2024); die Mittelfestsetzung für das Jahr 2021, ab dem die NPD nicht mehr berücksichtigt wurde, ist ebenfalls im Internet abrufbar, siehe dazu https://www.bundestag.de/resource/blob/896222/115ff46b7bef8801225cd5b1a50edcc1/finanz_21-data.pdf (15.6.2024).
249 *Malaika Jores*, Kein Geld ist auch eine Lösung. Das Bundesverfassungsgericht entscheidet erstmalig über den Ausschluss von der staatlichen Parteienfinanzierung, in: Verfassungsblog vom 2. Februar 2024, abrufbar unter https://verfassungsblog.de/kein-geld-ist-auch-eine-losung/ (15.6.2024).
250 Zusammenfassung der diesbezüglichen Diskussion in https://rsw.beck.de/aktuell/daily/meldung/detail/debatte-parteienfinanzierung-afd-npd-die-heimat (15.6.2024).
251 So auch *Foroud Shirvani*, Finanzierungsausschluss von Parteien, in: NJW 2024, S. 624 ff. (625).
252 Zutreffend *Malaika Jores*, Kein Geld ist auch eine Lösung. Das Bundesverfassungsgericht entscheidet erstmalig über den Ausschluss von der staatlichen Parteienfinanzierung, in: Verfassungsblog vom 2. Februar 2024, abrufbar unter https://verfassungsblog.de/kein-geld-ist-auch-eine-losung/ (15.6.2024).
253 *BVerfGE* 144, 20 (224 ff. Rn. 585) – NPD-Verbotsverfahren II; dazu *Arnd Uhle*, Das Parteiverbot gemäß Art. 21 II GG. Eine Wiederbesichtigung nach der Entscheidung des BVerfG zum NPD-Verbotsantrag, in: NVwZ 2017, S. 583 ff. (587 ff.).
254 *BVerfGE* 144, 20 (225 f. Rn. 587) – NPD-Verbotsverfahren II.
255 Zum Mitgliederbestand der AfD oben Anm. 49.
256 Hierzu S. 72 f.
257 Neben der Bezeichnung als parteinahe Stiftungen finden sich in Schrifttum und Rechtsprechung auch die – synonym verwendeten – Be-

griffe der Parteistiftungen oder der politischen Stiftungen. Das Stiftungsfinanzierungsgesetz verwendet Letzteren, das Bundesverfassungsgericht daneben greift daneben auf den Terminus der parteinahen Stiftungen zurück (vgl. nur *BVerfGE* 166, 93 [167 Rn. 195 ff.] – Desiderius-Erasmus-Stiftung).

258 Vgl. *BVerfGE* 166, 93 (100 Rn. 10 f.) – Desiderius-Erasmus-Stiftung.

259 *Erik Meyer/Claus Leggewie*, Politische Bildung in einer polarisierten Gesellschaft, 2021, S. 5, abrufbar unter https://www.otto-brenner-stiftung.de/fileadmin/user_data/stiftung/02_Wissenschaftsportal/02_Infoseiten/AP51/PP_Meyer_Leggewie_DES.pdf (15.6.2024); zur ab 1999 erfolgenden Einbeziehung der Rosa-Luxemburg-Stiftung in den Kreis der Zuschussempfänger vgl. auch *BVerfGE* 166, 93 (100 Rn. 10) – Desiderius-Erasmus-Stiftung.

260 Zu ihrer Anerkennung als parteinahe Stiftung siehe den Eintrag vom 1. Juli 2018 auf der Website der Desiderius-Erasmus-Stiftung, abrufbar unter https://erasmus-stiftung.de/die-desiderius-erasmus-stiftung-e-v-wurde-anerkannt/ (15.6.2024); zum mangelnden Erfolg der Anträge dieser Stiftung auf Gewährung staatlicher Fördermittel siehe die Darstellung in *BVerfGE* 166, 93 (103 Rn. 15 ff.) – Desiderius-Erasmus-Stiftung.

261 *BVerfGE* 73, 1 (31 ff., 37 ff.) – Stiftungsurteil.

262 *BVerfGE* 166, 93 (161 Rn. 181 ff. [Zitat Rn. 184]) – Desiderius-Erasmus-Stiftung. – Zu dieser Entscheidung *Michael Droege*, Neutralität oder Parlamentsvorbehalt – Verfassungsgerichtliche Leitmarken zur staatlichen Finanzierung politischer Stiftungen, in: npoR 2023, S. 275 ff.; *Jörg Geerlings*, Staatliche Förderung politischer Stiftungen, in: NVwZ 2023, S. 496 ff.; *Christian Hillgruber*, Verletzung des Anspruchs einer politischen Partei auf Chancengleichheit im politischen Wettbewerb, in: JA 2023, S. 525 ff.; *Mathias Honer*, Die staatliche Finanzierung politischer Stiftungen, in: RuP 2023, S. 153 ff.; *Martin Morlok*, Das Bundesverfassungsgericht und das Geld der Parteien, in: JZ 2023, S. 677 ff.; *Antje Neelen*, Die gleichheitsgerechte Finanzierung parteinaher Stiftungen, in: DÖV 2023, S. 504 ff.; *Markus Ogorek*, Staatliche Förderung politischer Stiftungen, in: NJW 2023, S. 831 ff.; *Thomas Wischmeyer*, Organstreit zur Reichweite des Rechts der Parteien auf Chancengleichheit aus Art. 21 I 1 GG, in: JuS 2023, S. 701 ff.

263 *BVerfGE* 166, 93 (163 Rn. 186) – Desiderius-Erasmus-Stiftung.

264 *BVerfGE* 166, 93 (163 Rn. 187, 192 f.) – Desiderius-Erasmus-Stiftung.

265 Zum Erfordernis einer besonderen gesetzlichen Grundlage für die staatliche Finanzierung politischer Stiftungen aus dem Schrifttum stellvertretend *Uwe Volkmann*, Politische Parteien und öffentliche Leistungen, Berlin 1993, S. 328 f.; *Heike Merten*, Parteinahe Stiftungen im Parteienrecht, Baden-Baden 1999, S. 89 f., 169 ff.; *Jörg Geerlings*, Verfassungs- und verwaltungsrechtliche Probleme bei der staatlichen Finanzierung parteinaher Stiftungen, Berlin 2003, S. 182; *Manfred Born*, Parteinahe Stiftungen: Stiftung oder Partei?, Stuttgart 2006, S. 72; *Holger Klaassen*, Die Finanzierung parteinaher Stiftungen in den Ländern, Marburg 2016, S. 295; *Martin Morlok / Heike Merten*, Parteienrecht, Tübingen 2018, S. 211.

266 *BVerfGE* 166, 93 (165 Rn. 193) – Desiderius-Erasmus-Stiftung.

267 Gesetz zur Finanzierung politischer Stiftungen aus dem Bundeshaushalt (StiftFinG) vom 19. Dezember 2023 (BGBl. 2023 I Nr. 383).

268 *BVerfGE* 166, 93 (155 Rn. 168) – Desiderius-Erasmus-Stiftung.

269 *BVerfGE* 166, 93 (157 Rn. 172, 174) – Desiderius-Erasmus-Stiftung; vgl. insoweit auch *BVerfGE* 140, 1 (24 Rn. 64) – Politikfinanzierung.

270 Allgemein zur Einwirkung der Zuweisung staatlicher Mittel an Dritte auf die Wettbewerbslage zwischen den Parteien *BVerfGE* 166, 93 (158 Rn. 176 ff.) – Desiderius-Erasmus-Stiftung.

271 *BVerfGE* 166, 93 (170 Rn. 206 ff.) – Desiderius-Erasmus-Stiftung.

272 *BVerfGE* 166, 93 (172 Rn. 214) – Desiderius-Erasmus-Stiftung.

273 *BVerfGE* 166, 93 (178 Rn. 230, in Rn. 238 wird zusätzlich mit Blick auf die parteinahen Stiftungen auf Art. 3 Abs. 1 GG abgestellt) – Desiderius-Erasmus-Stiftung.

274 *BVerfGE* 166, 93 (183 Rn. 239 f.) – Desiderius-Erasmus-Stiftung.

275 *BVerfGE* 166, 93 (184 Rn. 242) – Desiderius-Erasmus-Stiftung.

276 Ergänzend sieht § 2 Abs. 2 Satz 2 StiftFinG vor, dass es für die Förderung unschädlich ist, wenn zwar die einer Stiftung nahestehende Partei „für die Dauer einer Legislaturperiode nicht (mehr) im Deutschen Bundestag vertreten ist", die betreffende politische Stiftung aber „bereits über mindestens zwei aufeinanderfolgende Legislaturperioden gefördert [wurde]."

277 *BVerfGE* 166, 93 (184 Rn. 243 und 246) – Desiderius-Erasmus-Stiftung.

278 Damit fordert die Regelung von einer politischen Stiftung mehr als die Parallelbestimmung des Art. 21 Abs. 3 GG, nach der Parteien von der staatlichen Finanzierung ausgeschlossen sind, wenn sie darauf ausgerichtet sind, die freiheitliche demokratische Grundordnung zu beeinträchtigen oder zu beseitigen. Dies begegnet indes keinen durchgreifenden verfassungsrechtlichen Bedenken, weil der Gesetzgeber mit Blick auf die Förderung der Stiftungsarbeit einen weiten Gestaltungsspielraum vorfindet und lediglich gleichheitsrechtliche Aspekte zu beachten hat. Im Übrigen besteht kein grundgesetzlicher Anspruch auf die Stiftungsförderung. Daher unterfällt es dem gesetzgeberischen Gestaltungsspielraum, die Anforderungen für die Förderung politischer Stiftungen anspruchsvoll auszugestalten. Wie hier auch *Christoph Möllers/Christian Waldhoff*, Verfassungsrechtliche Maßgaben für den Ausschluss parteinaher Stiftungen von der staatlichen Förderung, Typoskript, 2023, S. 11 f.; vgl. auch *Markus Ogorek*, Finanzierung parteinaher Stiftungen, 27. Oktober 2021, in: Legal Tribune Online, im Internet abrufbar unter https://www.lto.de//recht/hintergruende/h/desiderius-erasmus-stiftung-afd-parteinah-staatliche-foerderung-finanzierung-verfassungstreue/ (15.6.2024).

279 Entwurf eines Gesetzes zur Finanzierung politischer Stiftungen aus dem Bundeshaushalt (Stiftungsfinanzierungsgesetz – StiftFinG), Gesetzentwurf der Fraktionen SPD, CDU/CSU, Bündnis90/Die Grünen und FDP vom 10. Oktober 2023, BT-Drucks. 20/8726, S. 14.

280 So wiederum der Entwurf eines Gesetzes zur Finanzierung politischer Stiftungen aus dem Bundeshaushalt (Stiftungsfinanzierungsgesetz – StiftFinG), Gesetzentwurf der Fraktionen SPD, CDU/CSU, Bündnis90/Die Grünen und FDP vom 10. Oktober 2023, BT-Drucks. 20/8726, S. 14.

281 Letzteres findet seinen Ausdruck auch in der Gesetzesbegründung, die den Blick daraufhin lenkt, „welche gesellschaftlich-politische Strömung die Partei soziologisch trägt und auch programmatisch bindet". Siehe hierzu den Entwurf eines Gesetzes zur Finanzierung politischer Stiftungen aus dem Bundeshaushalt (Stiftungsfinanzierungsgesetz – StiftFinG), Gesetzentwurf der Fraktionen SPD, CDU/CSU, Bündnis90/Die Grünen und FDP vom 10. Oktober 2023, BT-Drucks. 20/8726, S. 14.

282 Bedenken auch bei *Christoph Möllers/Christian Waldhoff*, Verfassungsrechtliche Maßgaben für den Ausschluss parteinaher Stiftungen von der staatlichen Förderung, Typoskript, 2023, S. 5 f.

283 So auch *Sophie Schönberger* in ihrer Stellungnahme zur öffentlichen Anhörung am 16. Oktober 2023 im Rahmen der Beratung des Stiftungsfinanzierungsgesetzes, S. 6, abrufbar unter https://www.bundestag.de/resource/blob/972146/8b1042cd6c371b34996d0706e2f0bb4b/20-4-314-D.pdf (15.6.2024).

284 Vgl. *Dominik Schnieder*, Politische Freiheit und Verfassungsschutz, Hamburg 2018, S. 252. Siehe hierzu auch *BVerfGE* 162, 1 (74

Rn. 153 ff.) – Bayerisches Verfassungsschutzgesetz, wonach Verfassungsschutzbehörden über keinerlei operative Anschlussbefugnisse verfügen, aufgrund derer sie selbst aus den Erkenntnissen einer Überwachungsmaßnahme unmittelbare Konsequenzen ziehen können. Entsprechend begründete Bedenken auch bei *Christoph Möllers / Christian Waldhoff*, Verfassungsrechtliche Maßgaben für den Ausschluss parteinaher Stiftungen von der staatlichen Förderung, Typoskript, 2023, S. 6.

285 Aufgabe der Verfassungsschutzbehörden ist die Sammlung und Auswertung von Informationen, die Unterrichtung der Öffentlichkeit und der Informationsaustausch, vgl. *Jan-Hendrik Dietrich*, Das Recht der Nachrichtendienste, in: ders. / Eiffler (Hrsg.), Handbuch des Rechts der Nachrichtendienste, Stuttgart 2017, S. 249 (Rn. 5).

286 Zu Letzterem S. 70 ff.

287 Zur Begründung wurde angeführt, dass erste tatsächliche Anhaltspunkte für eine gegen die freiheitlich-demokratische Grundordnung gerichtete Politik der AfD vorlägen, die indes nicht hinreichend verdichtet seien, um eine Beobachtung auch unter Einsatz nachrichtendienstlicher Mitteln einzuleiten; die Pressemitteilung ist im Internet abrufbar unter https://web.archive.org/web/20190201041105/https://www.verfassungsschutz.de/print/de/oeffentlichkeitsarbeit/presse/pm-20190115-pruefergebnis-zur-partei-alternative-fuer-deutschland-afd (15.6.2024).

288 *VG Köln*, Urt. vom 8. März 2022 (Az.: 13 K 326/21), BeckRS 2022, 3817, Rn. 113 ff.; dazu *Bertold Huber*, Die AfD als nachrichtendienstlicher Verdachtsfall, in: NVwZ 2023, S. 225 ff.; vgl. auch *ders.*, Die AfD – Facetten aktueller Rechtsprechung, in: NVwZ 2024, S. 119 ff. (119 f.).

289 *OVG Nordrhein-Westfalen*, Urt. vom 13. Mai 2024 (Az.: 5 A 1216/22, BeckRS 2024, 10025 [I. Instanz: VG Köln 13 K 207/20]; 5 A 1217/22, BeckRS 2024, 10022 [I. Instanz: VG Köln 13 K 208/20]; 5 A 1218/22, BeckRS 2024, 10026 [I. Instanz: VG Köln 13 K 326/21]).

290 Siehe hierzu die Darstellung des *VG Köln*, Urt. vom 8. März 2022 (Az.: 13 K 326/21), BeckRS 2022, 3817, Rn. 76 f.

291 So für den Thüringer Landesverband der AfD der Präsident des Thüringer Amtes für Verfassungsschutz, der am 22. November 2021 eine vom 15. März 2021 datierende Entscheidung für eine entsprechende Einordnung der AfD öffentlich machte; siehe hierzu *Markus Balser*, Höckes AfD-Landesverband ist „erwiesen rechtsextrem", SZ vom 23. November 2021, im Internet abrufbar unter https://www.sueddeutsche.de/politik/afd-verfassungsschutz-rechtsextremismus-1.5471538. Für den Landesverband der AfD in Sachsen-Anhalt so Anfang November 2023 auch der zuständige Abteilungsleiter im Ministerium für Inneres und Sport des Landes Sachsen-Anhalt; siehe dazu die entsprechende Meldung u. a. auf Zeit-Online (im Internet abrufbar unter https://www.zeit.de/politik/deutschland/2023-11/afd-sachsen-anhalt-als-gesichert-rechtsextrem-eingestuft). Für den sächsischen AfD-Landesverband siehe die Medieninformation des Landesamtes für Verfassungsschutz Sachsen vom 8. Dezember 2023, im Internet abrufbar unter https://www.verfassungsschutz.sachsen.de/download/Einstufung_AfD_Dezember_2023.pdf (allesamt 15.6.2024).

292 Sie folgt aus der Gesamtschau der einschlägigen grundgesetzlichen Regelungen. Wie hier auch *Josef Franz Lindner/Johannes Unterreitmeier*, Grundlagen einer Dogmatik des Nachrichtendienstrechts, in: DÖV 2019, S. 165 ff. (167); *diess.*, Beobachtung durch den Verfassungsschutz, in: DVBl. 2019, S. 819 ff. (819); *Arnd Uhle*, in: Dürig/Herzog/Scholz (Hrsg.), GG, München, Stand: 103. Erg.-Lfg. (Januar 2024), Art. 73 Rn. 241. Demgegenüber für eine Verankerung der Institution des Verfassungsschutzes lediglich in Art. 73 Abs. 1 Nr. 10 1. Alt. lit. b) GG *Markus Heintzen*, in: Huber/Voßkuhle (Hrsg.), Grundgesetz, 8. Aufl., München 2024, Art. 73 Rn. 115. Zu den Ämtern für Verfassungsschutz in Bund und Ländern näher *Maximilian Banzhaf*, Die Ämter für Verfassungsschutz als Präventionsbehörden, Berlin 2021, S. 79 ff.

293 *Josef Franz Lindner/Johannes Unterreitmeier*, Beobachtung durch den Verfassungsschutz, in: DVBl. 2019, S. 819 ff. (820). – § 3 Abs. 1 BVerfSchG konkretisiert die grundgesetzlichen Vorgaben einfach-gesetzlich dahingehend, dass „die Sammlung und Auswertung von Informationen, insbesondere von sach- und personenbezogenen Auskünften, Nachrichten und Unterlagen" hinsichtlich der im dortigen Katalog von Nr. 1 bis Nr. 4 bezeichneten und in den Definitionen des § 4 BVerfSchG näher beschriebenen verfassungsfeindlichen Bestrebungen und Betätigungen „Aufgabe der Verfassungsschutzbehörden des Bundes und der Länder ist". Während unter der „Sammlung" von Informationen hierbei die aktive Erhebung gezielt beschaffter wie auch die passive Entgegennahme zufällig erlangter Informationen verstanden wird, bezeichnet die „Auswertung" die weitere Informationsaufarbeitung und -verarbeitung im Zuge einer analytischen Sichtung, Systematisierung, Verknüpfung, sachkundigen Einordnung und Bewertung. Zu Sammlung und Auswertung näher *Gunter Warg*, Der gesetzliche Auftrag der deutschen Nachrichtendienste, in: Dietrich/Eiffler (Hrsg.), Handbuch des Rechts der Nachrichtendienste, Stuttgart 2017, S. 509 ff. (Rn. 1 ff.).

294 BVerwGE 137, 275 (281 Rn. 20 ff.) – Beobachtung Abgeordneter.

295 *BVerwGE* 110, 126 (130 f.) – Niedersächsisches Verfassungsschutzgesetz; *BVerwGE* 137, 275 (281 Rn. 21) – Beobachtung Abgeordneter; *Bernadette Droste*, Handbuch des Verfassungsschutzrechts, Stuttgart 2007, S. 371; *Rudolf Streinz*, in: Huber/Voßkuhle (Hrsg.), GG, 8. Aufl., München 2024, Art. 21 Rn. 218; *Hans Hugo Klein*, in: Dürig/Herzog/Scholz (Hrsg.), GG, München, Stand: 103. Erg.-Lfg. (Januar 2024), Art. 21 Rn. 579; vgl. *Wolfgang Roth*, in: Schenke/Graulich/Ruthig (Hrsg.), Sicherheitsrecht des Bundes, 2. Aufl., München 2019, §§ 3, 4 BVerfSchG Rn. 8. Zuletzt so auch *VG Köln*, Urt. vom 8. März 2022 (Az.: 13 K 326/21), BeckRS 2022, 3817, Rn. 114 ff.

296 Zur Unterteilung in drei Beobachtungsphasen auch *Felix Hanschmann/Christopher Paskowski*, Die Beobachtung von Abgeordneten und Parteien durch den Verfassungsschutz, in: JURA 2022, S. 1271 ff. (1276 f.); *Franziska Schneider*, Prüffall, Verdachtsfall, erwiesen extremistische Bestrebung, in: DÖV 2022, S. 372 ff. (373).

297 Dazu *Josef Franz Lindner/Johannes Unterreitmeier*, Beobachtung durch den Verfassungsschutz, in: DVBl. 2019, S. 819 ff. (823).

298 *Bernadette Droste*, Handbuch des Verfassungsschutzrechts, Stuttgart 2007, S. 178; *Dietrich Murswiek*, Verfassungsschutz und Demokratie. Voraussetzungen und Grenzen für die Einwirkung der Verfassungsschutzbehörden auf die demokratische Willensbildung, Berlin 2020, S. 63; *Franziska Schneider*, Prüffall, Verdachtsfall, erwiesen extremistische Bestrebung, in: DÖV 2022, S. 372 ff. (373); *Josef Franz Lindner/Johannes Unterreitmeier*, Beobachtung durch den Verfassungsschutz, in: DVBl. 2019, S. 819 ff. (823 f.); *Gunter Warg*, Der gesetzliche Auftrag der deutschen Nachrichtendienste, in: Dietrich/Eiffler (Hrsg.), Handbuch des Rechts der Nachrichtendienste, Stuttgart 2017, S. 509 ff. (Rn. 19 ff.).

299 *Gunter Warg*, Der gesetzliche Auftrag der deutschen Nachrichtendienste, in: Dietrich/Eiffler (Hrsg.), Handbuch des Rechts der Nachrichtendienste, Stuttgart 2017, S. 509 ff. (Rn. 19); *Franz Lindner/Johannes Unterreitmeier*, Beobachtung durch den Verfassungsschutz, in: DVBl. 2019, S. 819 ff. (824).

300 So etwa § 4 Abs. 1 Satz 5 ThürVerfSchG; § 7 Abs. 2 Satz 1 VSG Bln; § 4 Abs. 2 HVSG; § 12 Abs. 1 Satz 2 NVerfSchG.

301 *Josef Franz Lindner/Johannes Unterreitmeier*, Beobachtung durch den Verfassungsschutz, in: DVBl. 2019, S. 819 ff. (824).

302 So die nähere Umschreibung in *BVerwGE* 137, 275 (284 Rn. 30) – Beobachtung Abgeordneter.

303 Aus der Rechtsprechung so *BVerfGE* 113, 63 (80 f.) – Junge Freiheit; *BVerwGE* 137, 275 (284 Rn. 29) – Beobachtung Abgeordneter;

Franziska Schneider, Prüffall, Verdachtsfall, erwiesen extremistische Bestrebung, in: DÖV 2022, S. 372 ff. (373); *Gunter Warg*, Der gesetzliche Auftrag der deutschen Nachrichtendienste, in: Dietrich / Eiffler (Hrsg.), Handbuch des Rechts der Nachrichtendienste, Stuttgart 2017, S. 509 ff. (Rn. 19).

304 *Josef Franz Lindner / Johannes Unterreitmeier*, Beobachtung durch den Verfassungsschutz, in: DVBl. 2019, S. 819 ff. (825).

305 *Gunter Warg*, Der gesetzliche Auftrag der deutschen Nachrichtendienste, in: Dietrich / Eiffler (Hrsg.), Handbuch des Rechts der Nachrichtendienste, Stuttgart 2017, S. 509 ff. (Rn. 19).

306 *Josef Franz Lindner / Johannes Unterreitmeier*, Beobachtung durch den Verfassungsschutz, in: DVBl. 2019, S. 819 ff. (825); *Gunter Warg*, Der gesetzliche Auftrag der deutschen Nachrichtendienste, in: Dietrich / Eiffler (Hrsg.), Handbuch des Rechts der Nachrichtendienste, Stuttgart 2017, S. 509 ff. (Rn. 19).

307 *Gunter Warg*, Der gesetzliche Auftrag der deutschen Nachrichtendienste, in: Dietrich / Eiffler (Hrsg.), Handbuch des Rechts der Nachrichtendienste, Stuttgart 2017, S. 509 ff. (Rn. 19a).

308 Mit Blick auf die Parteienfreiheit so auch *BVerfGE* 107, 339 (366) – NPD-Verbotsverfahren; *BVerwGE* 137, 275 (283 Rn. 26) – Beobachtung Abgeordneter.

309 Näher dazu *BVerwGE* 137, 275 (282 Rn. 24) – Beobachtung Abgeordneter.

310 So ausdrücklich auch *BVerfGE* 107, 339 (366) – NPD-Verbotsverfahren.

311 So *BVerfGE* 162, 1 (125 Rn. 272 ff., zusammenfassend Rn. 274) – Bayerisches Verfassungsschutzgesetz.

312 So auch *Franziska Schneider*, Prüffall, Verdachtsfall, erwiesen extremistische Bestrebung, in: DÖV 2022, S. 372 ff. (378 f.).

313 Wie hier auch *Bertold Huber*, Die AfD als nachrichtendienstlicher Verdachtsfall, in: NVwZ 2023, S. 225 ff. (228); *Franziska Schneider*, Prüffall, Verdachtsfall, erwiesen extremistische Bestrebung, in: DÖV 2022, S. 372 ff. (378 f.). – Zu der hinreichend bestimmten und normenklaren Regelung der Eingriffsschwellen *BVerfGE* 162, 1 (95 Rn. 199 ff.) – Bayerisches Verfassungsschutzgesetz; aus dem Schrifttum dazu stellvertretend *Katrin Werner-Kappler*, Neue Eingriffsschwellen der Verfassungsschutzbehörden, in: NVwZ-Beilage 2022, S. 63 ff.; allgemein zum Erfordernis der korrekten Bestimmung der Eingriffsschwellen *Matthias Bäcker*, Zur Reform der Eingriffstatbestände im Nachrichtendienstrecht, in: Dietrich / Gärditz / Graulich / Gusy / Warg (Hrsg.), Nachrichtendienste im demokratischen Rechtsstaat, Tübingen 2018, S. 137 ff. (137). Zu den Anforderungen der Verhältnismäßigkeit *BVerfGE* 107, 339 (366) – NPD-Verbotsverfahren; *BVerfGE* 162, 1 (72 Rn. 149 ff., v. a. 174 ff. und 225 ff.) – Bayerisches Verfassungsschutzgesetz; *BVerwGE* 110, 126 (134 f.) – Niedersächsisches Verfassungsschutzgesetz; *BVerwGE* 137, 275 (282 Rn. 25) – Beobachtung Abgeordneter.

314 *Lars Oliver Michaelis*, Politische Parteien unter der Beobachtung des Verfassungsschutzes, Baden-Baden 2000, S. 232 ff.; *Julian Krüper*, Verfassungsschutz in der wehrhaften Parteiendemokratie, in: Dietrich / Eiffler (Hrsg.), Handbuch des Rechts der Nachrichtendienste, Stuttgart 2017, S. 143 ff. (Rn. 51).

315 Zur Pressemitteilung des BfV siehe den Nachweis in Anm. 287.

316 Vgl. dazu *VG Köln*, GSZ 2019, S. 83 ff. (84 Rn. 61) – Prüffall AfD.

317 *BVerfGE* 113, 63 (77 f.) – Junge Freiheit; *BVerwGE* 131, 171 (176 Rn. 21) – Verfassungsschutzbericht; mit Blick auf die AfD so zuletzt auch *VG Köln*, GSZ 2019, S. 83 ff. (84 Rn. 53 ff., v. a. Rn. 57 und 61) – Prüffall AfD.

318 So das *VG Köln*, GSZ 2019, S. 83 ff. (84 Rn. 43 ff., 52 ff.) – Prüffall AfD.

319 Zum Erfordernis einer gesetzlichen Ermächtigungsgrundlage (und den Konsequenzen deren Fehlens) *VG Köln*, GSZ 2019, S. 83 ff. (84 Rn. 64 ff.) – Prüffall AfD; insofern zustimmend *Klaus Ferdinand Gärditz*, Anmerkung zu VG Köln, Beschl. vom 26.2.2019 (Az.: 13 L 202/19), GSZ 2019, S. 83 ff. (88).

320 *BVerfGE* 113, 63 (80) – Junge Freiheit; vgl. zuvor bereits *BVerfGE* 40, 287 (292 ff.) – Verfassungsschutzbericht NPD.

321 *BVerwGE* 131, 171 (176 Rn. 22, Rn. 40 ff.) – Verfassungsschutzbericht.

322 *Josef Franz Lindner / Johannes Unterreitmeier*, Beobachtung durch den Verfassungsschutz, in: DVBl. 2019, S. 819 ff. (825 f.).

323 Vgl. insofern auch die Konkretisierung der verfassungsrechtlichen Anforderungen an eine Verdachtsfallberichterstattung in *BVerfGE* 113, 63 (81) – Junge Freiheit. Abweichend hiervon hält *Dietrich Murswiek*, Verfassungsschutz und Demokratie, Berlin 2020, S. 102, die Verdachtsberichterstattung in der Regel für unverhältnismäßig.

324 Siehe hierzu nochmals *BVerfGE* 113, 63 (81) – Junge Freiheit.

325 *VG Köln*, GSZ 2019, S. 83 ff. (84 Rn. 64 ff.) – Prüffall AfD; *Franziska Schneider*, Prüffall, Verdachtsfall, erwiesen extremistische Bestrebung, in: DÖV 2022, S. 372 ff. (378); a.A. *Josef Franz Lindner / Johannes*

Unterreitmeier, Beobachtung durch den Verfassungsschutz, in: DVBl. 2019, S. 819 ff. (826).

326 *VG Köln*, GSZ 2019, S. 83 ff. (84 Rn. 30 f. und Rn. 36 ff.) – Prüffall AfD; a.A. insofern *Klaus Ferdinand Gärditz*, Anmerkung zu VG Köln, Beschl. vom 26.2.2019 (Az.: 13 L 202/19), GSZ 2019, S. 83 ff. (88).

327 *BVerfGE* 113, 63 (81) – Junge Freiheit; *BVerwGE* 137, 275 (284 Rn. 31) – Beobachtung Abgeordneter.

328 *VG Köln*, GSZ 2019, S. 83 ff. (84 Rn. 68) – Prüffall AfD; *Franziska Schneider*, Prüffall, Verdachtsfall, erwiesen extremistische Bestrebung, in: DÖV 2022, S. 372 ff. (377 f.); vgl. auch *Karsten Brandt*, Öffentlichkeitsarbeit durch Nachrichtendienste, in: Dietrich / Eiffler (Hrsg.), Handbuch des Rechts der Nachrichtendienste, Stuttgart 2017, S. 1709 ff. (Rn. 37). Strenger *Dietrich Murswiek*, Verfassungsschutz und Demokratie, Berlin 2020, S. 102, der die Verdachtsberichterstattung in der Regel für unverhältnismäßig hält.

329 Vgl. *OVG Berlin-Brandenburg*, NVwZ-RR 2021, S. 39 ff. (41 Rn. 17) – Verfassungsschutzbericht.

330 Zutreffend so auch *Franziska Schneider*, Prüffall, Verdachtsfall, erwiesen extremistische Bestrebung, in: DÖV 2022, S. 372 ff. (377).

331 Zutreffend so die Charakterisierung in *BVerfGE* 144, 20 (199 Rn. 521 f.) – NPD-Verbotsverfahren II; insofern zustimmend *Arnd Uhle*, Das Parteiverbot gem. Art. 21 II GG – Eine Wiederbesichtigung nach der Entscheidung des BVerfG zum NPD-Verbotsantrag, in: NVwZ 2017, S. 583 ff. (586).

332 *BVerfGE* 144, 20 (204 Rn. 534 ff.) – NPD-Verbotsverfahren II; hierzu *Arnd Uhle*, Das Parteiverbot gem. Art. 21 II GG – Eine Wiederbesichtigung nach der Entscheidung des BVerfG zum NPD-Verbotsantrag, in: NVwZ 2017, S. 583 ff. (586 f.).

333 Dies wiederum setzt voraus, dass eine Partei kontinuierlich auf die Verwirklichung eines der freiheitlichen demokratischen Grundordnung widersprechenden politischen Konzepts hinarbeitet und dass zwischen ihrem Vorgehen und der Beseitigung oder Beeinträchtigung der freiheitlichen demokratischen Grundordnung zudem „ein zielorientierter Zusammenhang" besteht; siehe *BVerfGE* 144, 20 (221 Rn. 575 ff.) – NPD-Verbotsverfahren II.

334 Siehe insofern *BVerfGE* 5, 85 (143) – KPD-Verbot.

335 *BVerfGE* 144, 20 (224 Rn. 585 ff.) – NPD-Verbotsverfahren II; dazu *Arnd Uhle*, Das Parteiverbot gemäß Art. 21 II GG. Eine Wiederbesichtigung nach der Entscheidung des BVerfG zum NPD-Verbotsantrag, in: NVwZ 2017, S. 583 ff. (587 ff.).

336 Eingehend zu diesen und weiteren Bedenken gegen die Einführung des Merkmals der Potentialität *Tobias Linke*, Verbotsunwürdige Verfassungsfeinde, streitbare, aber wertarme Demokratie und problematische Sanktionsalternativen, in: DÖV 2017, S. 483 ff. (489); *Foroud Shirvani*, Die Crux des Parteiverbots, in: DÖV 2017, S. 477 ff. (480); *Arnd Uhle*, Das Parteiverbot gem. Art. 21 II GG – Eine Wiederbesichtigung nach der Entscheidung des BVerfG zum NPD-Verbotsantrag, in: NVwZ 2017, S. 583 ff. (587 ff.); *Dominik Pokora*, Die Revision des Parteiverbots, Berlin 2022, S. 241 ff.; *Markus Heintzen*, Die politischen Parteien, in: Stern/Sodan/Möstl (Hrsg.), Das Staatsrecht der Bundesrepublik Deutschland im europäischen Staatenverbund, Bd. II, 2. Aufl., München 2022, § 32 Rn. 86 f.

337 Gesetz zur Änderung des Grundgesetzes vom 13. Juli 2017 (BGBl. I S. 2346).

338 BT-Drs. 18/12357, S. 6; *Hans Jarass*, in: ders./Pieroth, Grundgesetz für die Bundesrepublik Deutschland, Kommentar, 18. Aufl., München 2024, Art. 21 Rn. 59; *Rudolf Streinz*, in: Huber/Voßkuhle (Hrsg.), GG, 8. Aufl., München 2024, Art. 21 Rn. 252b; *Emanuel V. Towfigh/Jan Keesen*, in: Kahl/Waldhoff/Walter (Hrsg.), Bonner Kommentar zum Grundgesetz, Heidelberg, Stand: 224. Lfg. (April 2024), Art. 21 Rn. 707.

339 Siehe hierzu S. 77.

340 So dezidiert *BVerfG*, NJW 2024, S. 645 ff. (661 Rn. 286) – Finanzierungsausschluss NPD/Die Heimat. Näher dazu S. 52 ff.

341 *Hans Jarass*, in: ders./Pieroth, Grundgesetz für die Bundesrepublik Deutschland, 18. Aufl., München 2024, Art. 21 Rn. 59; *Winfried Kluth*, in: Epping/Hillgruber (Hrsg.), BeckOK Grundgesetz, München, Stand: 57. Edition 2024, Art. 21 Rn. 49 Rn. 212b; *Anika Klafki*, in: v. Münch/Kunig (Hrsg.), Grundgesetz-Kommentar, 7. Aufl., München 2021, Art. 21 Rn. 118.

342 Vgl. zu Zweifeln an der Eignung des Finanzierungsausschlusses zur Verhinderung des Überschreitens der Potentialitätsschwelle auch *BVerfG*, NJW 2024, S. 645 ff. (656 Rn. 237) – Finanzierungsausschluss NPD/Die Heimat.

343 Auch § 43 Abs. 1 Satz 2 BVerfGG legt ein solches Verständnis nahe, weil hiernach der Antrag auf Finanzierungsausschluss hilfsweise zu einem Antrag auf Parteiverbot gestellt werden kann. Wie hier auch *Malaika Jores*, Kein Geld ist auch eine Lösung. Das Bundesverfassungsgericht entscheidet erstmalig über den Ausschluss von der staatlichen Parteienfinanzierung, in: Verfassungsblog vom 2. Februar 2024, abrufbar unter https://verfassungsblog.de/kein-geld-ist-auch-eine-losung/ (15.6. 2024).

344 *Jörn Ipsen / Thorsten Koch*, in: Sachs (Hrsg.), GG, 9. Aufl., München 2021, Art. 21 Rn. 175; *Christian Waldhoff*, in: Walter/Grünewald (Hrsg.), BeckOK BVerfGG, München, 16. Edition 2023, § 43 Rn. 27; *Christian von Coelln*, in: Schmidt-Bleibtreu/Klein/Bethge (Hrsg.), Bundesverfassungsgerichtsgesetz, München, Stand: 63. Erg.-Lfg. (Juni 2023), § 43 Rn. 31. – Auch wenn auf einen solchen Antrag verzichtet wird, gibt es für Parteien keine Möglichkeit, durch das Bundesverfassungsgericht feststellen zu lassen, dass sie nicht verfassungswidrig sind, vgl. hierzu *BVerfGE* 133, 100 (106 Rn. 17) – Positivattest.

345 Pressemitteilung des Bundesamtes für Verfassungsschutz vom 15. Januar 2019, im Internet abrufbar unter https://web.archive.org/web/20190201041105/https:/www.verfassungsschutz.de/print/de/oeffentlichkeitsarbeit/presse/pm-20190115-pruefergebnis-zur-partei-alternative-fuer-deutschland-afd (15.6.2024). – Die hiergegen gerichtete Klage der AfD und der JA wies das *VG Köln* mit Urt. vom 8. März 2022 (Az.: 13 K 208/20), BeckRS 2022, 3819 ab. Die dagegen eingelegte Berufung wurde durch das *OVG Münster* mit Urt. vom 13. Mai 2024 abgewiesen (Az.: 5 A 1217/22).

346 Siehe dazu die Darstellung in der den Antrag auf Erlass einer einstweiligen Anordnung ablehnenden Entscheidung des *VG Köln*, Beschluss vom 5. Februar 2024 (Az. 13 L 1124/23), BeckRS 2024, 5594, Rn. 6; gegen diese Entscheidung ist mit Datum vom 7. Februar 2024 Beschwerde zum *OVG Münster* eingelegt worden (Az.: 5 B 131/24). In der Hauptsache hat das *VG Köln* das Verfahren mit Beschluss vom 26. Februar 2024, Az.: 13 K 3219/23, BeckRS 2024, 2786, bis zur rechtskräftigen letztinstanzlichen gerichtlichen Entscheidung in den Verfahren betreffend die Überprüfung der Rechtmäßigkeit der Einstufung der „Junge Alternative" als Verdachtsfall ausgesetzt.

347 Zuletzt hat etwa das Amt für Verfassungsschutz beim Thüringer Ministerium für Inneres und Kommunales die „Junge Alternative" Thüringen mit Wirkung zum 28. März 2024 als „gesichert rechtsextremistisch" eingestuft; siehe hierzu die Presseinformation vom 23. Mai 2024, im Internet abrufbar unter https://verfassungsschutz.thueringen.de/informationen-fuer-die-medien#c164799 (15.6.2024).

348 Das BMI ist gem. § 3 Abs. 2 Satz 1 Nr. 2 VereinsG Verbotsbehörde, „für Vereine und Teilvereine, deren Organisation oder Tätigkeit sich über das Gebiet eines Landes hinaus erstreckt." – Zu den Voraussetzungen des Vereinsverbots im Vergleich zum Parteiverbot *Peter von*

Feldmann, Vereinigungsfreiheit und Vereinigungsverbot, München 1972, S. 53 ff.; *Julia Gerlach*, Die Vereinsverbotspraxis der streitbaren Demokratie, Baden-Baden 2012, S. 107 ff.; *Christian Baudewin*, Das Vereinsverbot, in: NVwZ 2021, S. 1021 ff. (1023).

349 *Dimitris Th. Tsatsos / Martin Morlok*, Parteienrecht, Heidelberg 1982, S. 81 f.; *Guido Westerwelle*, Das Parteienrecht und die politischen Jugendorganisationen, Baden-Baden 1994, S. 86 ff.; *Heike Merten*, Parteinahe Stiftungen im Parteienrecht, Baden-Baden 1999, S. 125 f.; *Jan Redmann*, Möglichkeiten und Grenzen der Beschränkung der Parteifreiheit und -gleichheit diesseits eines verfassungsgerichtlichen Verbotsverfahrens, Frankfurt am Main 2010, S. 136; *Holger Klaassen*, Die Finanzierung parteinaher Stiftungen in den Ländern, Marburg 2016, S. 182 f.; *Martin Morlok / Heike Merten*, Parteienrecht, Tübingen 2018, S. 72; *David Hug*, Staatliche Alimentierung parteinaher Stiftungen, in: MIP 2017, 37 ff. (43); *Winfried Kluth*, in: Epping / Hillgruber (Hrsg.), BeckOK Grundgesetz, München, Stand: 57. Edition 2024, Art. 21 Rn. 49; *Rudolf Streinz*, in: Huber / Voßkuhle (Hrsg.), GG, 8. Aufl., München 2024, Art. 21 Rn. 71; vgl. auch *Jennifer Prommer*, Novellierungsbedarf im Parteienrecht, Baden-Baden 2014, S. 123 ff.; *Martin Morlok*, in: Dreier (Hrsg.), Grundgesetz-Kommentar, Bd. II, 3. Aufl., München 2015, Art. 21 Rn. 43 m.Anm. 145.

350 *Burkhard Küstermann*, Die Rechenschaftspflicht der politischen Parteien, Osnabrück 2002, S. 45; *Manfred Born*, Parteinahe Stiftungen: Stiftung oder Partei?, Stuttgart 2006, S. 94 ff.; *Uwe Volkmann*, Die Jugendorganisationen der Parteien, in: von Alemann / Morlok / Godewerth (Hrsg.), Jugend und Politik, Baden-Baden 2006, S. 111 ff. (118); *Emanuel V. Towfigh / Jan Keesen*, in: Kahl / Waldhoff / Walter (Hrsg.), Bonner Kommentar zum Grundgesetz, Heidelberg, Stand: 224. Lfg. (April 2024), Art. 21 Rn. 344 f.

351 Das Bundesverfassungsgericht geht in beiden Urteilen davon aus, dass sich das Parteiverbot i. S. d. Art. 21 Abs. 2 GG „auf alle ihre satzungsmäßigen Organisationen" erstreckt, nicht jedoch auf nicht zu ihr gehörende, selbständige Organisationen, für die daher auf Art. 9 Abs. 2 GG zurückzugreifen sein soll; so *BVerfGE* 5, 85 (392) – KPD-Verbot; ebenso zuvor bereits *BVerfGE* 2, 1 (78) – SRP-Verbot.

352 Vgl. dazu §§ 5 und 6 des Regierungsentwurfs eines Gesetzes über die politischen Parteien, BT- Drucks. III / 1509, S. 2 f.

353 Grundlegend zu dieser Unterscheidung *Josef Kölble*, Inwieweit schützt das Parteienprivileg des Art. 21 Abs. 2 Satz 2 GG auch Nebenorganisationen von Parteien?, in: AöR 87 (1962), 48 ff. (48 f.); *Wolfram*

Höfling, Steuermindernde Parteienfinanzierung auf „direktem Umweg"?, in: NJW 1985, S. 1943 ff. (1943 f.); *Volker Oerter*, Rechtsfragen des Verhältnisses zwischen politischen Parteien und ihren Sonder- und Nebenorganisationen, Bochum 1971, S. 20 f.; *Karl-Heinz Seifert*, Die politischen Parteien im Recht der Bundesrepublik Deutschland, Köln 1975, S. 207; *Burkhard Küstermann*, Die Rechenschaftspflicht der politischen Parteien, Osnabrück 2002, S. 43; *Martin Morlok*, Parteienrecht ist Organisationsrecht, in: Bäuerle/Dann/Wallrabenstein (Hrsg.), Festschrift Bryde, Tübingen 2013, S. 231 ff. (257); *Hans Hugo Klein*, in: Dürig/Herzog/Scholz (Hrsg.), GG, München, Stand: 103. Erg.-Lfg. (Januar 2024), Art. 21 Rn. 235.

354 Aus dem Schrifttum so *Volker Oerter*, Rechtsfragen des Verhältnisses zwischen politischen Parteien und ihren Sonder- und Nebenorganisationen, Bochum 1971, S. 186; *Miroslav Angelov*, Vermögensbildung und unternehmerische Tätigkeit politischer Parteien, Berlin 2006, S. 49; *Holger Klaassen*, Die Finanzierung parteinaher Stiftungen in den Ländern, Marburg 2016, S. 181; *Markus Heintzen*, Die politischen Parteien, in: Stern/Sodan/Möstl (Hrsg.), Das Staatsrecht der Bundesrepublik Deutschland im europäischen Staatenverbund, Bd. II, 2. Aufl., München 2022, § 32 Rn. 45; vgl. *Christian Waldhoff*, Parteien-, Wahl- und Parlamentsrecht, in: Herdegen/Masing/Poscher/Gärditz (Hrsg.), Handbuch des Verfassungsrechts, München 2021, § 10 Rn. 53.

355 Vgl. hierzu im Einzelnen *Wolfram Höfling*, Parteiorganisationen als Berufsverbände, in: NJW 1989, S. 2518 ff. (2518); *Volker Oerter*, Rechtsfragen des Verhältnisses zwischen politischen Parteien und ihren Sonder- und Nebenorganisationen, Bochum 1971, S. 20 f.; *Karl-Heinz Seifert*, Die politischen Parteien im Recht der Bundesrepublik Deutschland, Köln 1975, S. 206; *Heike Merten*, Parteinahe Stiftungen im Parteienrecht, Baden-Baden 1999, S. 123 f.; *Holger Klaassen*, Die Finanzierung parteinaher Stiftungen in den Ländern, Marburg 2016, S. 178; aus der Kommentarliteratur *Rudolf Streinz*, in: Huber/Voßkuhle (Hrsg.), GG, 8. Aufl., München 2024, Art. 21 Rn. 69 ff., v.a. Rn. 71; *Uwe Volkmann*, in: Friauf/Höfling (Hrsg.), Berliner Kommentar zum Grundgesetz, Berlin, Stand: 3/2023, Art. 21 Rn. 36; *Emanuel V. Towfigh/Jan Keesen*, in: Kahl/Waldhoff/Walter (Hrsg.), Bonner Kommentar zum Grundgesetz, Heidelberg, Stand: 224. Lfg. (April 2024), Art. 21 Rn. 344.

356 Vgl. *Volker Oerter*, Rechtsfragen des Verhältnisses zwischen politischen Parteien und ihren Sonder- und Nebenorganisationen, Bochum 1971, S. 21; *Karl-Heinz Seifert*, Die politischen Parteien im Recht der Bundesrepublik Deutschland, Köln 1975, S. 331 f.; *Guido Westerwelle*,

Das Parteienrecht und die politischen Jugendorganisationen, Baden-Baden 1994, S. 47 f.; *Heike Merten*, Parteinahe Stiftungen im Parteienrecht, Baden-Baden 1999, S. 125; *Manfred Born*, Parteinahe Stiftungen: Stiftung oder Partei?, Stuttgart 2006, S. 78; *Emanuel V. Towfigh / Jan Keesen*, in: Kahl / Waldhoff / Walter (Hrsg.), Bonner Kommentar zum Grundgesetz, Heidelberg, Stand: 224. Lfg. (April 2024), Art. 21 Rn. 343.

357 Die Jugendorganisationen politischer Parteien werden im Schrifttum uneinheitlich beurteilt. Für eine grundsätzliche Einordnung als Nebenorganisation *Burkhard Küstermann*, Die Rechenschaftspflicht der politischen Parteien, Osnabrück 2002, S. 44; *Miroslav Angelov*, Vermögensbildung und unternehmerische Tätigkeit politischer Parteien, Berlin 2006, S. 49; *Josef Kölble*, Inwieweit schützt das Parteienprivileg des Art. 21 Abs. 2 Satz 2 GG auch Nebenorganisationen von Parteien?, in: AöR 87 (1962), S. 48 ff. (49); *Hans Hugo Klein*, in: Dürig / Herzog / Scholz (Hrsg.), GG, München, Stand: 103. Erg.-Lfg. (Januar 2024), Art. 21 Rn. 235; für ein Verständnis als Teil- und Sonderorganisationen *Karl-Heinz Seifert*, Die politischen Parteien im Recht der Bundesrepublik Deutschland, Köln 1975, S. 204; *Heike Merten*, Parteinahe Stiftungen im Parteienrecht, Baden-Baden 1999, S. 123; *Uwe Volkmann*, in: Friauf / Höfling (Hrsg.), Berliner Kommentar zum Grundgesetz, Berlin, Stand: 3/2023, Art. 21 Rn. 36; für die Einordnung als qualifizierte Hilfsorganisationen, die zwar nicht Teil der jeweiligen Parteien sind, für die aber dennoch Art. 21 GG anwendbar ist, *Holger Klaassen*, Die Finanzierung parteinaher Stiftungen in den Ländern, Marburg 2016, S. 181 ff.; *Rudolf Streinz*, in: Huber / Voßkuhle (Hrsg.), GG, 8. Aufl., München 2024, Art. 21 Rn. 71. Im Einzelfall nach Sonder- und Nebenorganisationen differenzierend, indes i. E. die Anwendung des Parteienrechts für qualifizierte Hilfsorganisationen bejahend *Guido Westerwelle*, Das Parteienrecht und die politischen Jugendorganisationen, Baden-Baden 1994, S. 53 ff. Ebenfalls nach der jeweiligen Organisationsstruktur unterscheidend *Prigge*, Das Geld der Parteijugend, Düsseldorf 2019, S. 82 ff.

358 Für die „Arbeitsgemeinschaft der Jungsozialistinnen und Jungsozialisten" so § 10 Abs. 2 des Organisationsstatuts der SPD, abrufbar unter https://www.spd.de/fileadmin/Dokumente/Parteiorganisation/SPD_Orgastatut_2022_barrierearm.pdf (15.6.2024). Vgl. zu dieser Einordnung auch *OVG Berlin-Brandenburg*, NVwZ 2012, 1265 ff. (1271); *Daniel Enzensperger*, Parteijugendorganisationen und ihre Beteiligungsfähigkeit im verwaltungs- und verfassungsgerichtlichen Verfahren, in: MIP 2014, S. 26 ff. (28); *Uwe Volkmann*, in: Friauf / Höfling (Hrsg.), Berliner Kommentar zum Grundgesetz, Berlin, Stand: 3/2023, Art. 21

Rn. 36; *Stephan Rixen*, in: Kersten / Rixen (Hrsg.), Parteiengesetz, Stuttgart 2009, § 24 Rn. 128.

359 § 22 Abs. 1 der Satzung der Grünen, abrufbar unter https://cms.gruene.de/uploads/assets/221128_Grüne-Regeln_Satzung_Bundesverband.pdf (15.6.2024).

360 Für die Junge Union so § 38 des Statuts der CDU, abrufbar unter https://assets.ctfassets.net/nwwnl7ifahow/7ahVvacG9CPJNwWdFRUGV0/a1aba41cb03894d1a7cb73f05adcffb4/KM_Statutenbrosch__re_der_CDU_Deutschlands_2022.pdf (15.6.2024); vgl. zu dieser Einordnung auch *OVG Berlin-Brandenburg*, NVwZ 2012, 1265 ff. (1271); *Daniel Enzensperger*, Parteijugendorganisationen und ihre Beteiligungsfähigkeit im verwaltungs- und verfassungsgerichtlichen Verfahren, in: MIP 2014, S. 26 ff. (28); *Uwe Volkmann*, in: Friauf / Höfling (Hrsg.), Berliner Kommentar zum Grundgesetz, Berlin, Stand: 3/2023, Art. 21 Rn. 36; a.A. *Jörg Geerlings*, Verfassungs- und verwaltungsrechtliche Probleme bei der staatlichen Finanzierung parteinaher Stiftungen, Berlin 2003, S. 138.

361 § 1 Abs. 3 der Satzung der Jungen Liberalen e.V., abrufbar unter https://home.julis.de/vereinsordnungen/#V1 (15.6.2024).

362 § 1 Abs. 3 der Satzung der Linksjugend ['solid] e.V., abrufbar unter https://www.linksjugend-solid.de/wp-content/uploads/2024/04/2024-ljs-Satzung.pdf (15.6.2024).

363 § 17a Abs. 3 der Bundessatzung der AfD in ihrer Fassung vom 28. Juli 2023, im Internet abrufbar unter https://www.afd.de/satzung/ (15.6.2024).

364 Das folgt daraus, dass eine Mitgliedschaft in der AfD nicht Voraussetzung für eine Mitgliedschaft in der „Jungen Alternative" ist; vgl. dazu §§ 10 ff. Bundessatzung der JA. Gem. § 17a Abs. 4 S. 2 der Bundessatzung der AfD und § 29 Abs. 3 Bundessatzung der JA muss lediglich der Bundesvorstand der JA aus AfD-Mitgliedern bestehen.

365 A.A. *Christoph Möllers*, Die Parteijugend gehört mit zur Partei, SZ vom 27. Januar 2024, S. 2; *Kathrin Groh*, Das kleine Parteiverbot, Verfassungsblog vom 15. Februar 2024, abrufbar unter https://verfassungsblog.de/das-kleine-parteiverbot/ (15.6.2024). Vgl. auch *Christofer Lenz / Ronald Hansel*, Bundesverfassungsgerichtsgesetz, Handkommentar, 2. Aufl., Baden-Baden 2015, § 46 Rn. 3, die davon ausgehen, dass Jugendorganisationen am Parteienprivileg teilnehmen und daher (nur) gemäß Art. 21 Abs. 2 GG zu verbieten sind.

366 *BVerfGE* 149, 160 (197 Rn. 108 f.) – Vereinsverbot IHH; *Kathrin Groh*, Vereinsgesetz – Kommentar, 2. Aufl., Baden-Baden 2021, § 3 Rn. 21.

367 *Kathrin Groh*, Vereinsgesetz – Kommentar, 2. Aufl., Baden-Baden 2021, § 3 Rn. 19; *Volkhard Wache* in Erbs/Kohlhaas (Hrsg.), Strafrechtliche Nebengesetze, München, Stand: 150 Erg.-Lfg. 2024, § 3 VereinsG Rn. 14.

368 Für eine generelle Anwendung des Art. 21 Abs. 2 GG auf Jugendorganisationen *Christoph Möllers*, Die Parteijugend gehört mit zur Partei, SZ vom 27. Januar 2024, S. 2; *Kathrin Groh*, Das kleine Parteiverbot, Verfassungsblog vom 15. Februar 2024, abrufbar unter https://verfassungsblog.de/das-kleine-parteiverbot/ (15.6.2024). Vgl. auch *Christofer Lenz/Ronald Hansel*, Bundesverfassungsgerichtsgesetz, Handkommentar, 2. Aufl., Baden-Baden 2015, § 46 Rn. 3.

369 So *Christian von Coelln*, in: Schmidt-Bleibtreu/Klein/Bethge (Hrsg.), Bundesverfassungsgerichtsgesetz, München, Stand: 63. Erg.-Lfg. (Juni 2023), § 46 Rn. 52.

370 *Christian Waldhoff*, in: Walter/Grünewald (Hrsg.), BeckOK BVerfGG, München, 16. Edition 2023, § 43 Rn. 8; *Thomas Kliegel*, in: Barczak (Hrsg.), BVerfGG, Mitarbeiterkommentar zum Bundesverfassungsgerichtsgesetz, Berlin 2018, § 46 Rn. 20 und § 43 Rn. 22.

371 *Hans Lechner/Rüdiger Zuck*, in: dies. (Hrsg.), Bundesverfassungsgerichtsgesetz, Kommentar, 8. Aufl., München 2019, § 46 Rn. 13; *Christian von Coelln*, in: Schmidt-Bleibtreu/Klein/Bethge (Hrsg.), Bundesverfassungsgerichtsgesetz, München, Stand: 63. Erg.-Lfg. (Juni 2023), § 46 Rn. 57. Vgl. *Christian Waldhoff*, in: Walter/Grünewald (Hrsg.), BeckOK BVerfGG, München, 16. Edition 2023, § 46 Rn. 4; *Kathrin Groh*, Das kleine Parteiverbot, Verfassungsblog vom 15. Februar 2024, abrufbar unter https://verfassungsblog.de/das-kleine-parteiverbot/ (15.6.2024). – Demgegenüber wird die Regelung des § 46 Abs. 2 BVerfGG vereinzelt auch für die Möglichkeit einer Beschränkung des Antrags auf den selbständigen Teil einer Partei herangezogen; hierfür etwa *Karl-Heinz Seifert*, Die politischen Parteien im Recht der Bundesrepublik Deutschland, Köln 1975, S. 493 m.Anm. 193; *Klaus Burkhart*, in: Umbach/Clemens/Dollinger (Hrsg.), Bundesverfassungsgerichtsgesetz, Mitarbeiterkommentar und Handbuch, 2. Aufl., Heidelberg 2005, § 43 Rn. 4; *Franz-Wilhelm Dollinger*, in: Burkiczak/Dollinger/Schorkopf (Hrsg.), Bundesverfassungsgerichtsgesetz, Heidelberger Kommentar, Heidelberg 2015, § 43 Rn. 26.

372 Wie hier *Kathrin Groh*, Das kleine Parteiverbot, Verfassungsblog vom 15. Februar 2024, abrufbar unter https://verfassungsblog.de/das-kleine-parteiverbot/ (15.6.2024).

Stichwortverzeichnis

Abgeordnete
- Freiheit 25, 29 f., 43 ff.
- Mandat 44, 53 f.

abgestufte Chancengleichheit 40 f.

Alternativstimme 38

Alternative für Deutschland (AfD) 9, 12, 26 ff., 43, 53 ff., 63 f., 68 f., 73 f., 90, 92 ff., 104, 116, 126 f.

Beobachtung durch den Verfassungsschutz
- allgemein 63 ff., 126 f.
- Bundesamt für Verfassungsschutz 62, 68, 70, 76
- Ermächtigungsgrundlage 64, 67 f.
- erwiesen extremistische Bestrebung 67, 70, 126
- Gewissheitsphase: siehe dort
- Landesämter für Verfassungsschutz 77
- nachrichtendienstliche Mittel 66 f.
- öffentliche Bekanntmachung 68
- Phasen 64 ff.
- Prüffall: siehe dort
- Prüfphase: siehe dort
- Verdachtsfall: siehe dort
- Verdachtsphase: siehe dort
- Verhältnismäßigkeit 66 f., 68, 70
- Vorfeldphase: siehe dort

Betätigungsfreiheit politischer Parteien 34

Bündnis 90/Die Grünen 6, 9, 12, 48, 75, 93 f.

Bündnis Sahra Wagenknecht (BSW) 9, 28, 41, 90, 94, 114

Bundestagsfraktionen: siehe Fraktionen

Chancengleichheit politischer Parteien: siehe Gleichheit politischer Parteien; abgestufte Chancengleichheit

Christlich Demokratische Union Deutschlands (CDU) 6, 8, 12, 26 f., 37, 93 f., 104 f.

Christlich-Soziale Union (CSU) 6, 8, 12, 26 f., 37, 93 f., 104 f.

Demokratische Allianz für Vielfalt und Aufbruch (DAVA) 10, 18, 21 ff., 89, 90, 102

Desynchronisation von Volks- und Staatswillensbildung 27

Die Basis 9, 90

Die Linke 9, 12, 75, 89 f., 91, 93 f., 104, 110, 116 f.

direkte Demokratie 29 ff.

Diversifizierung des Parteiensystems 7, 9 ff., 24, 35 f., 41, 55 f.

Entwicklungsphasen des Parteiensystems 5 ff., 12, 34 ff., 42, 50 f.

Erfolgswertgleichheit der Wählerstimmen 10, 36 ff.
erwiesen extremistische Bestrebung: siehe Beobachtung durch den Verfassungsschutz; gesichert extremistische Bestrebung
Eventualstimme 38

Finanzierungsausschluss politischer Parteien
- allgemein 52 ff.
- Antrag auf Finanzierungsausschluss 54, 73, 132
- Potentialität: siehe dort
- steuerliche Begünstigung 52 f., 121
- Verhältnis zum Parteiverbot: siehe Parteiverbot
- Verhältnis zum Stiftungsfinanzierungsausschluss 59 ff.
- Voraussetzungen 52, 121
Fraktionen
- allgemein 9, 12, 37, 39, 42 ff., 51, 116 f.
- Gleichbehandlung 39, 42 ff.
Freie Demokratische Partei (FDP) 75, 94, 104
Freie Wähler 9, 90, 94
Freiheit politischer Parteien: siehe Parteienfreiheit
freiheitliche demokratische Grundordnung 17, 52, 54, 58, 60, 64, 71, 76, 124 ff., 131
Funktion der Parteien 2 f., 15 ff., 24 ff., 81
Funktionsfähigkeit des parlamentarischen Regierungssystems 36 f.

gesichert extremistische Bestrebung 61 f., 64, 74, 76, 133
Gewissheitsphase 67
Gleichheit der Fraktionen: siehe Fraktionen
Gleichheit politischer Parteien 39 ff., 47, 55 ff., 68 ff., 78
Gründungsfreiheit politischer Parteien 34 f., 40
Grüne Jugend 75
Grundmandatsklausel 11, 36, 44, 91, 94, 110

Hans Kelsen 1, 78
Hauptstimme 38 f.
Heinrich Triepel 79
Hilfsstimme 38

Jugendorganisation
- Bundesministerium des Innern als Verbotsbehörde 74, 76, 134
- Nebenorganisation 75 f., 136
- qualifizierte Hilfsorganisation 74, 136
- Teil- oder Sonderorganisation 75, 77, 136
- Verbot 73 ff.
Junge Alternative (JA) 73, 76, 133
Junge Liberale (JuLis) 75
Junge Union (JU) 75
Jungsozialisten (Jusos) 75

Kandidatenaufstellung 2 f.
Klimaliste Deutschland 9, 90
Koalition: siehe Regierung
Kommunistische Partei Deutschlands (KPD) 71, 74

Linksjugend solid 75

Stichwortverzeichnis 141

Mitglieder politischer Parteien: siehe Partei
Mitgliederpartei: siehe Typen verschiedener Parteien

Nationaldemokratische Partei Deutschlands (NPD, heute: Die Heimat) 53, 71
Nebenorganisation: siehe Jugendorganisation
Nebenstimme 38 f., 112

Obergrenze der staatlichen Parteienfinanzierung
- absolute 47, 50
- relative 47

Partei
- Ausländer als (Vorstands-)Mitglieder 22 f.
- Bedeutung der Parteien 2 f., 40 f., 56
- Bedeutungsverlust der Volksparteien 7 ff., 9 ff., 13, 48
- Begriff: siehe Parteibegriff
- Mitglieder 8 ff., 22, 48, 54, 75, 87 f., 89 f., 118, 121
- Neugründung 6, 9 f., 18, 28, 34 ff., 48, 55 f.
- verfassungsfeindliche Partei: siehe dort

Parteibegriff
- Absage an materielle Anforderungen 16
- einfach-gesetzliche Konkretisierung 17 f.
- Ernsthaftigkeit der Zielverfolgung 16, 19 f., 23, 97, 99, 101
- formaler Begriff 16, 20
- konstituierende Elemente 16 f.

- lediglich an Europawahlen teilnehmende Parteien 18
- Rathauspartei 18
- Staatsangehörigkeit(-srecht) 23 f.
- verfassungsrechtliche Vorgaben 16 ff.

Parteienfinanzierung
- allgemein 15, 41, 47 ff., 59 f., 100, 117, 132 f.
- Finanzierungsausschluss: siehe Finanzierungsausschluss politischer Parteien
- Leitbild 47 ff.
- Obergrenze: siehe dort
- Spenden 49
- Teilfinanzierung 49 f.
- unmittelbare 47
- Wählerstimmenanteil 49
- Zuwendungsanteil 49

Parteienfreiheit
- Aufstellung von Wahlbewerbern 3, 34
- Auswahl des Führungspersonals 34 f.
- Betätigung: siehe Betätigungsfreiheit
- Gründung: siehe Gründungsfreiheit
- innere Ordnung 34
- programmatische Ausrichtung 25, 34 f.

Parteienprivileg 65, 75, 138
Parteiensystem
- Entwicklung 5 ff.
- neue Entwicklungsphase 7 ff.
- Veränderung 3 f., 7 ff., 18, 28, 37, 55, 57
- Zersplitterung 3, 7, 14, 36

parteinahe Stiftung
- allgemein 51, 53, 55 ff.

- Desiderius-Erasmus-Stiftung 55, 57 f., 123
- Distanzgebot 56
- Finanzierungsausschluss 58 ff.
- Förderung 57 ff.
- Heinrich-Böll-Stiftung 55
- Näheverhältnis zur nahestehenden Partei 57
- Rosa-Luxemburg-Stiftung 55
- Stiftungsfinanzierungsgesetz 58 ff., 125
- verfassungsfeindliche Stiftung 57 ff.

Parteiverbot
- allgemein 15, 52 ff., 59 ff., 70 ff.
- Antrag 73, 77, 132 f., 138
- Potentialität: siehe dort
- Verhältnis zum Finanzierungsausschluss 72 ff.
- Voraussetzungen 71 f.

Partei des Demokratischen Sozialismus (PDS) 6, 9, 12
Partei für Arbeit, Rechtsstaat, Tierschutz, Elitenförderung und basisdemokratische Initiative (Die PARTEI) 9, 18 ff., 99 ff.
Piratenpartei 9, 89
plebiszitäre Demokratie 30 f.
Pluralisierung
- des Parlaments 12
- des Parteiensystems 7, 9 ff., 21, 24, 35, 40 f., 44
- der Regierungsbildungen 12 f.
Polarisierung des Parteiensystems 5, 7, 11 ff., 21, 24, 40 ff., 55, 78
politische Partei: siehe Partei
politische Stiftung: siehe parteinahe Stiftung
politische Willensbildung
- allgemein 24 ff.

- Mitwirkung der politischen Parteien 1 f., 15, 18 ff., 24 ff., 33, 35, 50, 57 f.

Potentialität 52, 54, 71 ff., 76 f.
professionalisierte Wählerpartei: siehe Typen politischer Parteien
Prüffall 63, 66, 68 f.
Prüfphase 66, 69

qualifizierte Hilfsorganisation: siehe Jugendorganisation

Referendum
- fakultatives 32 f.
- obligatorisches 32

Regierung
- Cross-over-Regierungsbildung 13
- Drei-Parteien-Koalition 13
- Minderheitsregierung 11
- Regierungskoalition 11 f., 26
- Regierungsstabilität 11, 13
- Zwei-Parteien-Koalition 11 f.

Repräsentation
- formale 25, 30
- materielle 30

Repräsentationslücken 8, 63, 78
repräsentative Demokratie 1, 28 ff.
Responsivität 2, 25, 28

Sozialistische Einheitspartei Deutschlands (SED) 6, 9
Sonderorganisation: siehe Jugendorganisation
Sozialdemokratische Partei Deutschlands (SPD) 5, 8, 12, 26 f., 48, 75, 86, 93 f., 104
Sozialistische Reichspartei (SRP) 74

Sperrklausel
- allgemein 10, 13, 24, 33, 35 ff.
- Bedeutungszuwachs 35 f.
- verfassungsrechtliche Rechtfertigung 36 ff.

Staatswillensbildung 2, 25, 27 ff., 41, 51, 56, 62, 78
- Stiftung: siehe parteinahe Stiftung

Subsidiärstimme 38
Synchronisation von Volks- und Staatswillensbildung 25 ff., 51, 63, 78

Teilorganisation: siehe Jugendorganisation
Typen politischer Parteien
- Anti-Establishment-Parteien 41
- Blockparteien 82
- Catch-all-Parteien 86
- Interessenparteien 17
- Kaderparteien 88
- Kartellparteien 88 f.
- Klassenparteien 17
- Konfessionsparteien 17
- Mitgliederparteien 8, 16, 48
- professionalisierte Wählerparteien 8, 16 f., 41, 47 f.
- Programmparteien 17
- Volksparteien 6 ff., 13, 48, 86
- Weltanschauungsparteien 5

Verdachtsfall 61 ff., 70, 73
Verdachtsphase 66, 69
Vereinsverbot 75 f., 134
verfassungsfeindliche Bestrebungen 61, 64 ff.

verfassungsfeindliche Partei 52, 65, 72 f.
Vizepräsident des Bundestages
- allgemein 43 ff.
- kategorische Nichtwahl 45 f.

Volksbegehren 109
Volksentscheid 109
Volksgesetzgebung 32, 107
Volksinitiative 109
Volkspartei: siehe Typen politischer Parteien
Volkswillensbildung 1 ff., 24 ff., 50, 57, 63, 68, 78
Volt 9, 90
Vorfeldphase 65

Wählerverhalten 13
Wahlergebnisse 7 f., 11, 19, 26, 36, 48, 57, 85 f.
wehrhafte Demokratie 64, 67, 77
Weimarer Zeit 6
Werteunion 9, 28
Wiedervereinigung 6 f.
Willensbildung
- politische Willensbildung: siehe dort
- Staatswillensbildung: siehe dort
- Volkswillensbildung: siehe dort

Zentrumspartei 5
Zweitstimme
- allgemein 8, 10, 19, 26, 35 ff., 48
- Erfolgswert: siehe Erfolgswertgleichheit der Wählerstimmen

Schönburger Gespräche zu Recht und Staat

Neu ab 2024 bei Mohr Siebeck

Huber, Peter M.: Das Bundesverfassungsgericht und die Staatsrechtslehre, 2024. VI, 55 Seiten.
Br 978-3-16-164130-5
eBook 978-3-16-164131-2

Uhle, Arnd: Staat und Politik, 2024. X, 143 Seiten.
Br 978-3-16-164094-0
eBook 978-3-16-164095-7

Volkmann, Uwe: Demokratie und Vernunft, 2024. VIII, 140 Seiten.
Br 978-3-16-164118-3
eBook 978-3-16-164119-0

Titel bis 2017 veröffentlicht bei Brill | Schöningh

Depenheuer, Otto: Selbstbehauptung des Rechtsstaates. 2019. Band 8.
Di Fabio, Udo: Die Staatsrechtslehre und der Staat. 2003. Band 2.
Gärditz, Klaus F.: Staat und Strafrechtspflege. 2015. Band 25.
Graf Vitzthum, Wolfgang: Der Staat der Staatengemeinschaft. 2005. Band 6.
Grzeszick, Bernd: Die Teilung der staatlichen Gewalt. 2013. Band 15.
Haack, Stefan: Der Staat mit den geteilten Organen. 2013. Band 19.
Herdegen, Matthias: Staat und Rationalität. 2019. Band 14.

Hillgruber, Christian: Die lutherische Reformation und der Staat. 2017. Band 29

Hillgruber, Christian: Staat und Religion. 2007. Band 10.

Horn, Hans-Detlef: Vom Staat der Demokratie. 2015. Band 23.

Huber, Peter M.: Staat und Wissenschaft. 2008. Band 9.

Isensee, Josef: Tabu im freiheitlichen Staat. 2003. Band 1.

Jestaedt, Matthias: Die Verfassung hinter der Verfassung. 2009. Band 12.

Kempen, Bernhard: Staat und Raum. 2014. Band 17.

Klein, Eckart: Staat und Zeit. 2006. Band 7.

Korinek, Karl: Staat und Kunst. 2005. Band 5.

Möstl, Markus: Bundesstaat und Staatenverbund. 2019. Band 18.

Müller-Franken, Sebastian: Meinungsfreiheit im freiheitlichen Staat. 2013. Band 21.

Nettesheim, Martin: Liberaler Verfassungsstaat und gutes Leben. 2017. Band 28.

Roellecke, Gerd: Staat und Tod. 2004. Band 4.

Schorkopf, Frank: Staat und Diversität. 2017. Band 30.

Schulte, Martin: Staatlichkeit im Wandel. 2017. Band 27.

Sodan, Helge: Staat und Verfassungsgerichtsbarkeit. 2019. Band 16.

Waldhoff, Christian: Staat und Zwang. 2008. Band 11.

Die deutsche Parteienlandschaft ist
im Umbruch. Die damit verbundenen
Veränderungen stellen die Parteien,
aber auch das ihnen geltende Recht
vor vielfältige Herausforderungen.
Sie aktualisieren nicht nur den Parteibegriff, sondern betreffen auch die Mitwirkung der Parteien an der Willensbildung des Volkes, die Grundsätze
der Parteienfreiheit und -gleichheit,
die staatliche Parteienfinanzierung,
das bestehende System parteinaher
Stiftungen, die Beobachtung politischer
Parteien durch den Verfassungsschutz
und das Instrument des Parteiverbots.

Mohr Siebeck

ISBN 978-3-16-164094-0